Jürgen Schneider
Tanja Braune

Grüne Durstlöscher

Aus Gründen der Lesbarkeit wurde im Text stets die männliche Form gewählt, selbstverständlich beziehen sich die Angaben auf beide Geschlechter.

STYRIA
BUCHVERLAGE

Wien – Graz

ISBN 978-3-7088-0762-1

Bücher des Kneipp Verlages gibt es
in jeder Buchhandlung und unter
www.kneippverlag.com

www.facebook.com/KneippVerlagWien

Fotos:
iStock by Getty Images: S. 9 CasarsaGuru, 10 grandriver, 12 merc67, 16 grafvision, 19 BasieB, 20 Diana Taliun, 23 jirkaec, 26 lissart, 28 HansPeterK, 32 Stefan Rotter, 38 filmfoto, 45 Xenia Schaad, 47 Sarsmis, 49 Mantonature, 53 Rostislav_Sedlacek, 55 erner1940, 56 Lilechka75, 58 MiraPen, 60 LiliGraphie, 61 Pilat666, 63 cmfotoworks, 65 stockcam, 67 knape, 69 rbiedermann, 70 undefined undefined, 72 hmproudlove, 75 happy_lark, 76 Mantonature, 78 ilbusca, 81 Rimma_Bondarenko, 82 stock-colors, 84 Altayb, 87 S.Rohrbach, 89 fotokate, 91 Rimma_Bondarenko, 93 tamer, 95 MmeEmil, 97 emer1940, 100 Gannet77, 103 erner1940, 106 LanaSweet, 108 HeikeRau, 116 AnnekeDeBlok, 119 erner1940, 124 macniak
Fotolia: Cover LiliGraphie, S. 4–5 eflstudioart, 17 Aggi Schmid, 25 Doris Heinrichs, 31 thayra83, 34 Hetizia, 36 butomus, 41 ricka_kinamoto, 42 JRG, 51 fotomarekka, 102 laplateresca, 113 Fabian, 115 Natasha Breen, 118 HandmadePictures, 121 Janjana, 127 Printemps
Autorenfotos Klappe hinten: oben privat, unten Alex Braune

Cover und Grafik: Oskar Kubinecz, www.kubinecz.at
Druck: GPS
Printed in the EU
9 7 6 5 4 3 2 1

Jürgen Schneider
Tanja Braune

Grüne Durstlöscher

Vitaminwasser, Limonaden, Smoothies und Tees mit Kräutern und Wildpflanzen

KNEIPP
VERLAG WIEN

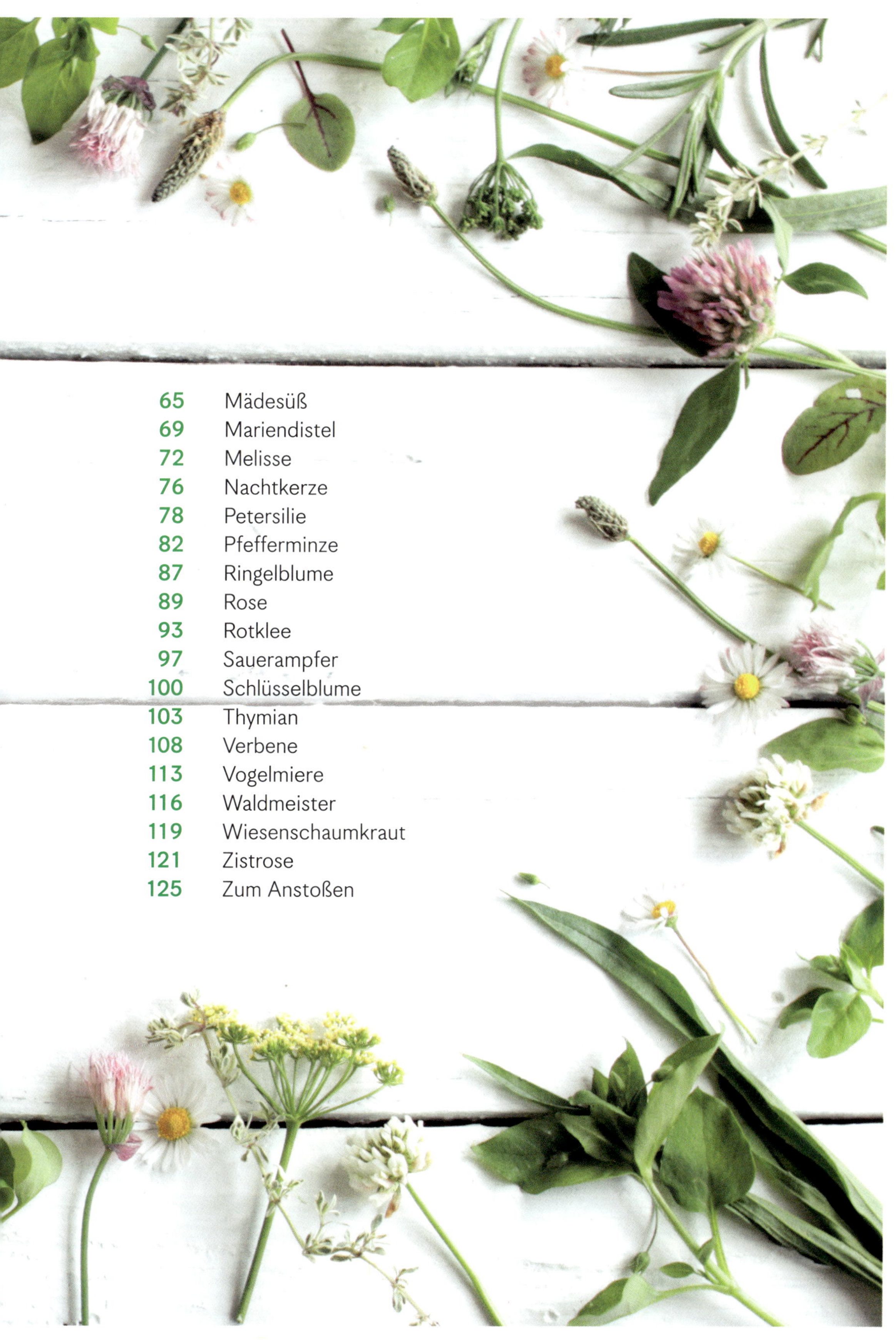

» ***Sorge gut für Deinen Körper, er ist der einzige Ort hier auf Erden, an dem Du leben kannst.***
Christian Morgenstern, Dichter, Dramaturg, Journalist (1871–1914)

Meine Uroma war eine sehr weise Kräuterfrau, schon sehr früh hat sie mich auf ihre Touren durch die Wiesen und Wälder der Umgebung mitgenommen. Diese Erfahrungen wären prägend für mich und so habe ich einen ähnlichen Weg eingeschlagen: Ich bin Drogist, Wildpflanzen- und Kräuterexperte sowie Homöopathieberater geworden. Auch heute, nach 40 Jahren in diesem vielseitigen und interessanten Beruf, bin ich immer wieder davon beeindruckt, wie gut (Heil-)Kräuter bei Beschwerden helfen bzw. zur Gesunderhaltung beitragen können.

Wenn ich unterwegs bin, um meine Naturapotheke aufzufüllen, ist mein Blick stets „nach unten" gerichtet – auch wenn der Frühlingshimmel tiefblau strahlt. Denn wahre Schätze sind es, die mir hier zu Füßen liegen: Wildpflanzen und Heilkräuter voller ätherischer Öle, Mineralstoffe und dergleichen mehr. Ich ergänze sie mit den Schätzen aus meinem Kräuter- und Topfgarten und mache daraus Kräutertees und Smoothies, Vitaminwasser und Sirup sowie Tinkturen, Essige, Salben und Öle. Mein Heilkräuterwissen gebe ich auch in vielen Workshops und Vorträgen und bei Kräuterwanderungen weiter.

Für dieses Buch haben Tanja Braune und ich die besten Rezepte für gesunde Durstlöscher aus und mit den (wilden) Gaben der Natur gesammelt – wir zeigen Ihnen hier, wie Sie erfrischende Limonaden und Detox-Wasser herstellen, gehaltvolle Smoothies und heilkräftige Tees zubereiten können. Probieren Sie aus und variieren Sie ganz nach Ihrem Geschmack.

Ich wünsche Ihnen gutes Gelingen beim Zubereiten köstlicher Getränke und viel Freude beim Sammeln und Anbauen „Ihrer Kräuter" (probieren Sie auch das!). Mögen Ihnen die Gaben der Natur Vitalität, Linderung, Gesundheit, Hoffnung und neue Lebensfreude bringen – und natürlich auch Erfrischung!

Ihr Kräuterexperte
Jürgen Schneider

Der Lavendel war meine erste Liebe ... ich habe die Blüten in mein Kissen gesteckt und das ätherische Öl dauergenutzt, ich habe mir Lavendelparfum aus England schicken lassen und die duftende Pflanze in fast jede Gartenecke gepflanzt.

Irgendwann habe ich auch einen frischen lila-blauen Zweig in mein Wasserglas gegeben, später kamen Minze, Löwenzahn, Hirtentäschel & Co. sowie (Zitrus-)Früchte und Ingwer dazu: Ich liebe „Infused Water", es erfrischt, ist so schnell fertig und macht – gerade auf dem Sommertisch – auch „optisch was her". Nach und nach habe ich dann meinen Kräutergetränke-Radius erweitert und bald festgestellt, dass Limos, Smoothies oder Tees aus und mit (Wild-)Pflanzen gut schmecken und guttun. Als „Infizierte" habe ich mich also auf das Projekt „Grüne Durstlöscher" mit dem renommierten Kräuterexperten Jürgen Schneider sehr gefreut.

Viele der Rezepte hier sind über Jahre der Beschäftigung mit dem Thema entstanden, einige haben wir gemeinsam mit der Journalistin und Koch-Koryphäe Andrea Pascher entwickelt. Es war eine wunderbare Arbeit (mit vielen Wows, Ohos und Prosts!). Einige der Kräuter haben wir gesammelt, andere – auch aus Zeitgründen – gekauft oder im Garten gepflückt. Denn so gerne ich in der Natur unterwegs bin, am liebsten brocke ich im eigenen Garten. Nicht nur aus Faulheit, sondern weil das der schnellste Weg zu meiner täglichen Ration an Vitalstoffen ist. In „aufgeräumten" Gärten mit säuberlich gepflegtem Rasen wird das vermeintliche Unkraut ausgerupft oder – schlimmer – mit Herbidziden bekämpft. Deshalb meine Bitte: Geben auch Sie wenigstens eine Ecke Ihres grünen Reiches für die Natur frei! Lassen Sie Brennnessel, Giersch, Löwenzahn, Mädesüß und ihre Kollegen wachsen – Umwelt und Bienen und nicht zuletzt auch Ihre Gesundheit werden es Ihnen danken.

Viel Spaß mit den grünen Durstlöschern,
Tanja Braune

» ***Eine gesunde Seele kann nicht in einem trockenen Körper wohnen.***
Francois Rabelais,
französischer Satiriker
und Humanist,
Arzt und Benediktiner
(1494–1553)

Willkommen im grünen Vitalstoffparadies!

Wir laden Sie hier auf eine Reise durch die vielfältige und schmackhafte Kräuter- und Pflanzenwelt ein. Mit deren Schätzen haben wir rund 200 feine Getränke entwickelt, die sich ganz leicht selbst herstellen lassen: Smoothies, Tees, Limonaden, Aroma- und Detox-Wasser. Da ist wirklich für jeden Geschmack und jede Befindlichkeit etwas dabei.

Der erste Schritt zu einem guten grünen Durstlöscher aus der eigenen Küche ist das richtige Sammeln der Kräuter. Selbstverständlich können Sie die von uns verwendeten Pflänzchen auch in Apotheken, Drogerien oder Bioläden kaufen – doch gewusst wie, macht gerade das Kräutersammeln den anschließenden Genuss noch ein wenig „bedeutender".

Auf in die Natur: So sammeln und ernten Sie richtig

Auch wenn es selbstverständlich klingt: Ziehen Sie sich zum Kräutersammeln richtig an. Lange Hosen als Zeckenschutz, eine Sonnencreme etc. sollten zum Beispiel bei einer Kräuterwanderung nicht fehlen.

Zum Sammeln eignet sich am besten ein Weidenkörbchen, das groß genug ist, um die frisch gepflückten Kräuter locker transportieren zu können, ohne sie dabei zu zerdrücken. Bei starker Sonne sollte man das Sammelgut auch mit einem Leinen- oder Geschirrtuch abdecken, das verhindert ein allzu rasches Welken. Um filigranere Pflanzen oder Pflanzenteile (wie z. B. den Giersch) unbeschadet und vor allem knackig frisch nach Hause zu bringen, haben sich auch Tiefkühlbeutel bewährt. Legen Sie ein nasses Stofftuch oder ein angefeuchtetes Küchenpapier in die Beutel, blasen Sie diese leicht auf und verschließen Sie sie mit einer Gefrierklammer. So bleiben die Pflanzen selbst bei einem längeren Heimweg frisch. Pflanzen, die getrocknet werden sollen, transportieren Sie am schonendsten in Leinensäckchen oder Papiertüten. Um krautige Triebe und Blüten abzuschneiden, verwenden Sie am besten ein scharfes Messer oder eine Schere. Achten Sie auf saubere Schnitte und bemühen Sie sich, die Pflanze so wenig wie möglich zu beschädigen.

Checkliste Ausrüstung

- *Korb oder Leinensack*
- *Leinen- bzw. Geschirrtuch, Leinen- oder Papiersäckchen*
- *Tiefkühlbeutel*
- *kleine Leinentücher*
- *Schere*
- *scharfes Messer*
- *kleine Schaufel zum Ausgraben von Wurzeln*
- *ev. Arbeitshandschuhe*

Grundsätzlich gilt: Sammeln Sie nur Pflanzen, die Sie ganz sicher bestimmen können. Bei der kleinsten Unsicherheit lassen Sie die Pflanzen lieber stehen.

Es gibt viele gute Bücher und auch die eine oder andere einschlägige App, mit deren Hilfe Pflanzen anhand von Bildern oder Merkmalsbeschreibungen bestimmt werden können. Noch besser ist es allerdings, wenn Sie vor dem ersten „Selber-Sammeln" eine Kräuterwanderung mitmachen und sich von einem Experten alles genau erklären lassen (Buch oder App können Sie dann ja trotzdem mitnehmen).

Blüten, Blätter, Früchte und Samen dürfen in der freien Natur gesammelt werden, solange dies für den Eigenbedarf geschieht – so steht es im Paragraph 39 des deutschen Bundesnaturschutzgesetzes. Dieser Paragraph wird auch die „Handstrauß-Regel" genannt: Alles, was in eine Hand passt, dürfen Sie sammeln, mehr nicht.
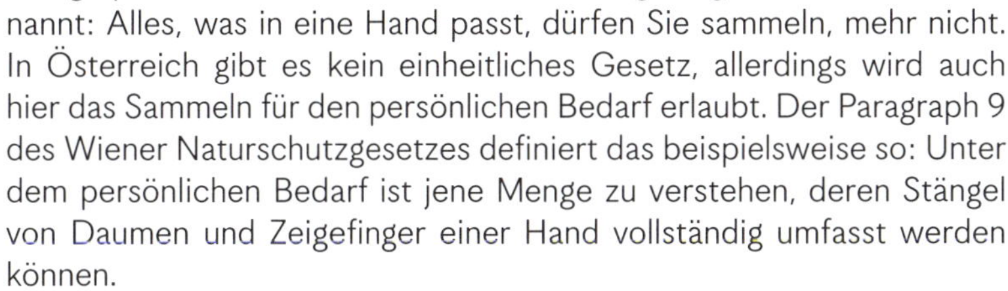
In Österreich gibt es kein einheitliches Gesetz, allerdings wird auch hier das Sammeln für den persönlichen Bedarf erlaubt. Der Paragraph 9 des Wiener Naturschutzgesetzes definiert das beispielsweise so: Unter dem persönlichen Bedarf ist jene Menge zu verstehen, deren Stängel von Daumen und Zeigefinger einer Hand vollständig umfasst werden können.

Geschützte Arten sind von dieser Regelung generell ausgenommen, dazu zählen zum Beispiel Schlüsselblume und Mariendistel – die beiden Pflanzen müssen Sie, wenn Sie sie verwenden wollen, im eigenen Garten anbauen. Mehr Information finden Sie auf den Webseiten www.bfn.de, www.bafuadmin.ch oder www.umweltbundesamt.at.

Sammeln Sie keine Pflanzen in der Nähe stark befahrener Straßen und meiden Sie das, was auf gedüngten Äckern, Feldrändern oder in der Umgebung von Fabriken wächst. Und machen Sie hier keine Ausnahme: Wenn Sie dort, wo Sie wohnen, nicht die Möglichkeit haben, frische Kräuter zu sammeln, dann bauen Sie Ihre Lieblingspflanzen selbst an – im Garten, auf Balkon und Terrasse oder auch in Blumenkisten auf dem Fensterbrett. Kaufen Sie, wenn das nicht möglich ist, frische Kräuter in Bioläden und getrocknete Kräuter in Apotheken oder Drogerien. Wichtig ist, dass Sie stets Kräuter und Samen aus biologischem Anbau verwenden.

Sammeln Sie nur gesunde Pflanzen und legen Sie sich lediglich einen kleinen Vorrat an, bewahren Sie auch getrocknete Kräuter nur ein bis allerhöchstens zwei Jahre auf. Lieber jedes Jahr wieder frisch sammeln, dann stecken die Pflanzen voller Vitalstoffe und sind nicht nur schmackhafter, sondern auch wirksamer.

Vom richtigen Zeitpunkt

An sich kann man fast das ganze Jahr sammeln – sogar unter der Schneedecke verbirgt sich vereinzelt das gesunde Grün. Die eigentliche Kräuterhochzeit beginnt allerdings im März und endet, je nach Witterung, im Oktober oder November.

- Blütenpflanzen sammeln Sie am besten an sonnigen Tagen zwischen 10 und 13 Uhr. Am Vortag darf es nicht geregnet haben, da die Blüten und Blätter sonst zu feucht sind und deshalb nur wenige Wirkstoffe enthalten. Blüten sollten an sonnigen Tagen, sobald sie sich zur Mittagszeit geöffnet haben, gepflückt werden.
- Kräuter, die reich an ätherischen Ölen sind (wie Lavendel oder Thymian) sammeln Sie eher zwischen 9 und 10 Uhr morgens, sobald der Tau abgetrocknet ist. Durch die Kraft der Sonne verdampft das Öl und legt sich als „Film" über die Pflanze, die dann zwar sehr gut duftet, deren Inhaltsstoffe sich aber gleich nach der Ernte verflüchtigen.
- Krautiges Grün (wie Franzosenkraut oder Giersch) können Sie den ganzen Tag und auch bei Regen pflücken. Wichtig ist hier vor allem, dass die Kräuter durch die Sonne nicht zu trocken geworden sind.

Die Kräuterkraft das ganze Jahr nutzen: Haltbarmachen, aber richtig

Getränke, die mit frisch geernteten Zutaten zubereitet werden, schmecken natürlich am besten. Doch leider hat man nicht immer eine Wiese oder einen Garten voll feiner Kräuter vor der Haustür. Da ist es gut, dass es Mittel und Wege gibt, mit denen man Vitalkraft und Aroma vieler Pflanzen – zumindest für eine gewisse Zeit – einfangen kann.

Bis zu eine Woche frisch

Richtig gesammelte Kräuter und Pflanzen halten sich im Gemüsefach des Kühlschranks drei bis vier Tage oder sogar eine Woche. Geben Sie einfach, wie beim Sammeln filigraner Kräuter, ein feuchtes Küchentuch in einen Tiefkühlbeutel und legen Sie die Kräuter vorsichtig dazu. Blasen Sie den Tiefkühlbeutel dann leicht auf und verschließen Sie ihn möglichst luftdicht mit einer Klammer. Achten Sie darauf, die Kräuter nicht mehr zu verwenden, wenn sie – anders – riechen. Werfen Sie sie dann in den Biomüll.

Einfrieren

Das Einfrieren frischer Kräuter ist eine der besten Methoden, um das Aroma zu erhalten. Es eignet sich vor allem für jene Gewürz- und Wildpflanzen, die ihr Aroma beim Trocknen schnell verlieren würden, wie z. B. Sauerampfer, Petersilie oder Melisse. Grundsätzlich ist beim Einfrieren nicht viel zu beachten. Waschen Sie die Kräuter, tupfen Sie sie trocken und geben Sie sie geschnitten oder im Ganzen in passende Behältnisse – je nachdem, wie und wofür Sie sie später verwenden wollen. Wichtig ist nur, dass die Behälter wirklich dicht sind, dann kann sich kein Gefrierbrand bilden. Eingefroren erhalten die Kräuter ihr Aroma etwa sechs Monate, wenn Sie zusätzlich vakuumiert wurden, bis zu ein Jahr. Vergessen Sie nicht, zu etikettieren, denn auch wenn beim Einfrieren noch völlig klar ist, welches Kräutlein man vor sich hat, weiß man oft schon nach relativ kurzer Zeit nicht mehr, was sich in diesem oder jenem Behältnis befindet.

Das große Plus des Einfrierens: Die Kräuter können, wie bei einigen unserer Rezepte, gleich tiefgefroren verwendet werden – für Smoothies und Detox-Wässerchen genauso wie z. B. für Tees.

Richtig trocknen

Für einige Pflanzen ist das Trocknen die bessere Alternative, weil sie getrocknet sogar noch aromatischer sind als frisch – Thymian, Lavendel, Minze oder Hirtentäschel gehören in diese Gruppe. Schneiden Sie die Kräuter möglichst bodennahe ab und waschen Sie sie nicht. Bündeln Sie die sauberen, trockenen Kräuter zu kleinen Sträußen. Binden Sie dafür fünf bis acht Triebe mit einer Schnur an den Stängeln locker zusammen. Hängen Sie diese Bündel an einem schattigen und luftigen Platz kopfüber auf – in der Sonne würde sich das Aroma verflüchtigen. Eine Alternative zum Trocknen in kleinen Sträußen ist das Trocknen der einzelnen Blätter oder Blüten. Verteilen Sie diese in einer dünnen Schicht auf einem Leinentuch oder Küchenkrepp und lassen Sie sie an einem schattigen und luftigen Platz trocknen.

Die Dauer des Trocknungsvorganges hängt in beiden Fällen von der Witterung ab, „fertig" sind die Kräuter, wenn sie „knistertrocken" sind, das heißt, wenn man sie zwischen den Fingern knisternd zerreiben kann. Danach füllen Sie die Kräuter in ein luftdichtes Gefäß oder in Papiertüten und lagern sie dunkel und trocken. So sind sie bis zu zwei Jahre verwendbar.

Tinktur, Sirup, Saft

Eine gute Möglichkeit, die Kraft der Kräuter für einen längeren Zeitraum zu konservieren, ist in Form von Tinkturen oder als Sirup bzw. Saft. Hier gibt es immer verschiedene Möglichkeiten der Zubereitung (lesen Sie darüber im Rezeptteil) – doch viele Schritte bleiben gleich.

Arbeiten Sie bei der Herstellung von Tinkturen, Säften oder Sirup immer mit ganz sauberen bzw. destillierten Flaschen und Gläsern – nur diese gewährleisten, dass sich keine Keime breitmachen.

Tinkturen lassen sich mit einer Vielzahl von Pflanzen machen. Für den Hausgebrauch werden sie mit 38–40%igem Wodka oder Doppelkorn hergestellt. Füllen Sie eine Literflasche oder ein anderes Gefäß mit einer weiten Öffnung bis zum Hals mit 200 g frischen oder 100 g getrockneten Kräutern und übergießen Sie diese dann mit 750 ml Alkohol. Verschließen Sie die Flasche gut und lassen Sie den Ansatz bei ca. 20 Grad Celsius, also bei Zimmertemperatur, zwei bis drei Wochen stehen, schütteln Sie ihn ab und zu. Filtern Sie die Tinktur anschließend und bewahren Sie sie in einem lichtundurchlässigen Gefäß bzw. in Tropfenfläschchen auf. Geben Sie bei Bedarf (siehe Wirkung der einzelnen Kräuter) zehn Tropfen der Tinktur und den Saft einer halben Zitrone in ein Glas Wasser und schon haben Sie einen schnellen und gesunden Durstlöscher.

Auch Sirupe funktionieren nach einem Grundrezept – das man in schier unendlichen Variationen abwandeln kann. Kochen Sie Zucker und Wasser zu gleichen Teilen auf, geben Sie die Kräuter mit Zitronenscheiben in einen Topf, gießen Sie den Zuckersirup darüber und lassen Sie das Ganze etwa 24 Stunden ziehen. Kochen Sie die Flüssigkeit nach dem Abseihen nochmals auf und füllen Sie sie dann in saubere Flaschen. Kühl gelagert hält der Sirup einige Wochen. Als Zucker kann man speziellen Sirupzucker, normalen Kristallzucker oder aber auch eine entsprechende Alternative verwenden.

Limonaden bzw. Säfte aus Kräutern sind keine Erfindung der Neuzeit, schon vor Jahrhunderten brauten Mönche erfrischende Getränke mit den heilsamen Pflanzen. Auch hier gibt es ein beliebtes Grundrezept und unendlich viele Variationen. Als Basis wird heute meist Apfelsaft verwendet – den können Sie selbst machen oder als Direktsaft ohne Zuckerzusatz kaufen (achten Sie auf die Ingredienzien). Kochen Sie den Saft auf, geben Sie dann die Kräuter Ihrer Wahl dazu – als Faustregel gilt: pro Liter Saft etwa die Blätter von drei bis vier Zweigen. Lassen Sie alles mindestens zwei Stunden ziehen – je länger, desto intensiver wird der Geschmack. Stellen Sie den Saft nach dem Abseihen in den Kühlschrank, in luftdicht verschlossenen Flaschen hält er gut eine Woche. Trinken Sie ihn z. B. mit etwa der gleichen Menge spritzigem Mineralwasser aufgegossen.

Mix it up: Smoothies – eine kleine Anleitung

Smoothies zu machen ist ziemlich einfach – allerdings braucht man dazu einen guten Standmixer (in unseren Rezepten sprechen wir durchgehend vom Blender).

Was es bei der Auswahl eines Blenders zu beachten gilt:

- ***Die Drehzahl***
Bei Geräten mit bis zu 20.000 Umdrehungen spricht man von Haushaltsmixern, sie sind für Smoothies mit faserarmen Zutaten durchaus geeignet. Geräte mit 20.000 bis rund 40.000 Umdrehungen gelten als Hochleistungsmixer, sie sind für grüne Smoothies mit stark faserhaltigen Zutaten die beste Wahl.

- ***Der Motor***
Mindestens 800 Watt sollte ein Mixer für Smoothies schon haben, noch besser ist eine Leistung von 1.000 bis 2.000 Watt. So kann der Mixer wirklich mit voller Power arbeiten und überhitzt nicht.

Natürlich kann man Smoothies auch mit einem Pürierstab zubereiten, allerdings wird hier der Zelluloseanteil der Pflanzen nicht optimal aufgebrochen, was einerseits eine geringere Vitalstoffdichte und andererseits geschmackliche Einbußen bringt. Wer gerne und oft Smoothies trinkt, der sollte sich am besten einen Hochleistungsmixer anschaffen. Denn damit holen Sie nicht nur alle Nährstoffe aus den Pflanzen, sondern schonen dank verkürzter Mixzeiten zudem die Inhaltsstoffe. In einem Hochleistungsmixer können Sie z. B. auch die Kerngehäuse von Äpfeln mitmixen (bei einem normalen Küchenmixer empfiehlt es sich, das Kerngehäuse auszuschneiden). Grüne Smoothies werden in den leistungsstarken Geräten zu einer homogenen, sämigen Masse und fühlen sich auf der Zunge besonders weich und glatt, also „smooth", an. Durch die intensive Vermischung aller Zutaten kommt es auch zu einem intensiven Geschmackserlebnis.

Übrigens, selbst wenn es ein wenig eigentümlich klingen mag: Profis schwören auf die richtige Schichtung der „Bestandteil". Dabei gilt: Erst kommen die weichen, dann die härteren Frucht- und Gemüsezutaten in den Blender, schließlich Blattgrün und Kräuter, gefolgt von Nüssen und Samen, zu guter Letzt sind etwaige Flüssigkeiten dran. Letztere sickern sanft bis nach unten und verbinden alle Schichten miteinander.

Ein kleiner Tipp am Rande: Wildkräuter-Smoothies trinken Sie am besten morgens, dann starten Sie gleich mit einer großen Portion Obst, Gemüse und Kräuterkraft in den Tag. Warten Sie, bis sich ein leichtes Hungergefühlt regt, das ist das Signal dafür, dass Ihr Körper aufnahmebereit für die wertvollen Vitalstoffe ist. Wenn Sie noch kein Smoothies-Profi sind, beginnen Sie am besten mit einem relativ kleinen Wildkräuteranteil, denn Ihr Organismus muss sich erst an diese gebündelte Kraft gewöhnen. Alle anderen Getränke können Sie zu jeder Tages- und Nachtzeit genießen, grundsätzlich aber so frisch wie möglich (das ist – aus geschmacklichen und „gesundheitstechnischen" Gründen – gerade bei Smoothies besonders wichtig!).

Und denken Sie daran: Pro Tag sollten Sie mindestens zwei Liter trinken, im Sommer sogar noch mehr. Mit unseren Rezepten versorgen Sie Ihren Organismus aber nicht nur mit der lebenswichtigen Flüssigkeit, sondern zusätzlich auch mit einer Extraportion an Vitalstoffen ... und das auf eine ganz natürliche und schmackhafte Art und Weise.

Wichtiges zum Schluss: Anders süßen

Viele unserer Rezepte funktionieren ohne die Zugabe von Zucker. Smoothies beispielsweise bringen ja bereits den natürlichen Fruchtzucker mit, Aromawasser bauen ganz auf den Geschmack des frischen Obstes und der aromatischen Kräuter. Für unsere Limonaden haben wir dort und da etwas Haushaltszucker, ein paar Spritzer Stevia u. Ä. verwendet: Probieren Sie die Rezepte, wenn Sie mögen, aber auch einmal mit Honig, Ahorn- oder Dattelsirup, Xylit (unter dem Namen Birkenzucker bekannt, Achtung: hochgiftig für Haustiere), dem fein-aromatischen Kokosblütenzucker oder verwenden Sie z. B. die kalorienfreie Variante Erythrit, die unter verschiedenen Handelsnamen erhältlich ist. Was hier so nach Chemie klingt, ist übrigens ein Zuckeralkohol, der im menschlichen Stoffwechsel, aber auch in manchen Früchten, wie Wassermelonen und Birnen, oder in Pilzen vorkommt. Zum Teil haben die Alternativen eine andere Süßkraft als Haushaltszucker, experimentieren Sie, wie Ihnen die Durstlöscher am besten schmecken. Denken Sie grundsätzlich daran: Weniger Zucker ist mehr – mehr Gesundheit, mehr Geschmack ... Süßen Sie Ihre Durstlöscher von Mal zu Mal etwas weniger, Sie werden sehen, schon nach einiger Zeit wollen Sie es nicht mehr anders – und die pickigen Fertigeistees haben ganz und gar ausgedient. Wenn Sie Sirupe einkochen, brauchen Sie natürlich eine ganze Menge Zucker – sie können dafür aber später beim Aufspritzen dosieren.

Lassen Sie sich's schmecken!

Ackerschachtelhalm oder Zinnkraut – das Schönheitskraut

Equisetum arvense L.

Der Ackerschachtelhalm ist viele Millionen Jahre älter als unsere Blütenpflanzen. Einst wurde er zum Polieren von Holz und Zinn verwendet (daher auch Zinnkraut).

In Natur und Garten

Der Ackerschachtelhalm sprießt im Frühjahr als rotbrauner Stängel. An der Spitze hat er eine Ähre, an der die Sporen gebildet werden. Im Sommer erscheint sein Erkennungsmerkmal – ein dünner, hellgrüner, 20 bis 35 cm langer Wedel. Zu finden ist die Pflanze hauptsächlich auf den lehmigen Böden von Äckern, Böschungen und Grabenrändern. Achtung: Niemals an feuchten Standorten sammeln, denn hier handelt es sich mit großer Wahrscheinlichkeit um den giftigen Sumpf- oder Teichschachtelhalm. Im Hausgarten ist das Zinnkraut nicht so gerne gesehen, da man es schwer wieder loswird.

Inhaltsstoffe

Kieselsäure, Kaliumsalze, Kalzium, Magnesium, Eisen, Flavonoide, Saponine, Harz, organische Säuren, Vitamin C

Wirkung und Anwendung

Der hohe Gehalt an Kieselsäure ist gut für Haut und Haar, fördert die Wundheilung und beugt Arterienverkalkung vor. Zinnkraut ist entwässernd, bei Wassereinlagerungen ist Zinnkrauttee daher sehr zu empfehlen.

Schnell gemacht: Zinnkrauttee

1 TL getrocknetes Kraut mit etwa 250 ml kochendem Wasser übergießen und 5–7 Minuten ziehen lassen, durch ein Teesieb abgießen. Machen Sie im Frühjahr und Herbst eine 3-wöchige Kur, das ist gut für Haut, Haare und Fingernägel. Trinken Sie 3 Tassen Tee über den Tag verteilt.

Verwendbare Teile:
Kraut

Sammelzeit:
Mai bis Juli

Familie:
Schachtelhalmgewächse

Haltbarmachen:
trocknen, Tinktur

Beauty-Smoothie

Für 2 Gläser: 4 junge Ackerschachtelhalme / 1 Zuckermelone, entkernt, in Stücken / 4 junge Selleriestangen mit Grün / 200 ml Wasser / 2 Handvoll Crushed Ice

Alle Zutaten außer dem Zucker in einen Blender (Standmixer) geben und zum Smoothie mixen. Der Geschmack ist angenehm herb.

Zinnkrautlimonade

Für 2 l: 6 Ackerschachtelhalme oder 1 EL getrocknetes Zinnkraut / Zesten und Saft von 2 Bio-Zitronen / 1,5 l prickelndes Mineralwasser / 1/2 l Apfelsaft / 4 Spritzer Stevia oder 5 frische Steviablätter

Zinnkraut mit Zitronensaft und -zesten sowie etwa 1 l des Mineralwassers im Blender zerkleinern. Mit Apfelsaft und dem restlichen Mineralwasser aufgießen und mit Stevia abschmecken (frische Steviablätter ebenfalls im Blender zerkleinern).

Zinnkrautwasser

Für 1 l: 5–6 frische Ackerschachtelhalme / 1 Stängel Zitronenverbene / Saft von 1 Limette / 500 ml Mineralwasser / Saft von 6 Orangen

Alle Zutaten außer dem Orangensaft in eine Flasche mit weitem Hals geben und 2–4 Stunden ziehen lassen. Dann durch ein Sieb gießen, mit dem frisch gepressten Orangensaft auffüllen. Gut kühlen.

Baldrian – die Beruhigungspille aus dem Wald

Valeriana officinalis L.

Der Name Baldrian leitet sich vom germanischen Lichtergott Baldur ab, doch die Pflanze hat noch viele weitere Namen – z. B. Katzenkraut oder Allweltsheil. Sie ist in ganz Europa verbreitet. Der Baldrian ist eine der ältesten Heilpflanzen, bereits Hippokrates hat die getrockneten Wurzeln verabreicht. Geschmacklich ähnelt er seinem „Verwandten", dem Feldsalat.

In Natur und Garten

Der Baldrian liebt tiefgründig-humose Böden und viel Feuchtigkeit, er findet sich in feuchten Wäldern, an halbschattigen Standorten und oft in der Nähe von Bächen, Flüssen oder Sumpfgebieten. Die Staude wird bis zu 1,5 m hoch und hat weiße oder rosafarbene und markant duftende Blüten. Der Baldrian lässt sich auch im Garten kultivieren, z. B. an Teichrändern. Die duftenden Blüten locken viele Schmetterlinge an.

Inhaltsstoffe

Valerensäure, ätherisches Öl, Alkaloide, Lignane, Zucker

Wirkung und Anwendung

Baldrian wird bei Nervosität, Magenkrämpfen und Schlafproblemen empfohlen – er verkürzt die Einschlafzeit und schenkt erholsamen Schlaf. Zudem ist er gleichzeitig konzentrationssteigernd und beruhigend – was bei Prüfungen hilft.

Schnell gemacht: Baldrianwurzeltee

1/2 TL Baldrianwurzel, 1 TL Passionsblumenkraut und die Blätter von 1 Stängel frischer Melisse mit kochendem Wasser aufgießen, abgedeckt 8 Minuten ziehen, dann abfiltern.

Verwendbare Teile:

Blüten, Blätter, Wurzeln

Sammelzeit:

Blüten und Blätter:
Mai bis August
Wurzeln:
September, Oktober

Familie:

Baldriangewächse

Haltbarmachen:

trocknen, Tinktur

Heißer Schoko-Schlaftrunk

Für 4 Tassen: 1 l Vollmilch / 150 g dunkle Schokolade oder Kakaopulver (mindestens 50 % Kakaoanteil) / 1 TL Vanillepulver oder -zucker / Zesten von 1 Bio-Orange / 1 EL getrocknete Baldrianwurzel / 15 frische Melissenblätter / 1 TL getrocknetes Johanniskraut oder frische Johanniskrautblüten / 2–3 EL Honig

Milch erhitzen, Schokolade, Vanillepulver oder -zucker und Orangenzesten unterrühren. So lange rühren, bis die Schokolade vollkommen geschmolzen ist. Kräuter zugeben, nochmals kurz erhitzen. Honig einrühren und sofort in Tassen seihen.

Tipp: 1–2 Tassen sorgen für einen erholsamen Schlaf. 1 Stunde vor dem Zubettgehen trinken.

Relax-Sirup

Für ca. 1,2 l: 1 l Wasser / 1 kg brauner Rohrzucker / 1 Bio-Zitrone, in Scheiben / Blüten von 10–15 Holunderrispen / 1 Handvoll frische Baldrianblüten

Wasser und Zucker in einem Topf 3–5 Minuten sprudelnd kochen, dann leicht abkühlen lassen. Zitronenscheiben, Holunder- und Baldrianblüten dazugeben. Mindestens 24 Stunden, besser aber 48 Stunden ziehen lassen. Durch ein feines Sieb oder Tuch in einen Topf passieren und erneut 5 Minuten aufkochen lassen. Noch heiß in Flaschen füllen. Gut verschlossen abkühlen lassen.
Tipp: Der Sirup passt auch über ein feines Vanilleeis.

Gute-Nacht-Erfrischung

Für 2 Tassen: 500 ml Wasser / 1/2 TL getrocknete Baldrianwurzel (z. B. aus dem Reformhaus) / 1 TL Passionsblumenkraut / 10 frische Melissenblätter / Honig nach Geschmack

Das Wasser kochen, Badrianwurzel, Passisonsblumenkraut und Melisse mit kochendem Wasser übergießen und 10 Minuten ziehen lassen, mit Honig süßen.
Tipp: Dieser Tee sorgt für eine entspannte Nacht – auch wenn am nächsten Tag eine Prüfung ansteht.

Limetten-Cranberry-Limo

Für 2 Gläser: Saft von 3 Limetten / 150 ml Cranberrysaft / 1 kleine Handvoll Baldrianblätter und ein paar Baldrianblüten, grob gehackt / 1 Handvoll Crushed Ice / 350 ml Mineralwasser

Limetten- und Cranberrysaft mit dem Baldrian in einen Blender geben und fein pürieren. Eis auf 2 Gläser aufteilen, den Baldrianmix dazugeben und mit dem Mineralwasser aufgießen.

Chia-Sanddorn-Wasser mit Baldrian

Für 2 große Gläser: Saft von 1 Blutorange / 50 ml Sanddornsaft / 500 ml kalter Baldrianwurzeltee (siehe Seite 19) / Reissirup oder Stevia nach Geschmack / 2 EL Chiasamen / 1 Handvoll Crushed Ice

Blutorangen- und Sanddornsaft mit dem Tee und Reissirup oder Stevia in einer Karaffe verrühren, Chiasamen hinzufügen und erneut gut umrühren. 1 Stunde im Kühlschrank ziehen lassen. Eiswürfel auf 2 Gläser verteilen und das Chiawasser darübergießen.

Beruhigender Mango-Smoothie

Für 2 Tassen: 1 kleine Handvoll Baldrianblätter und 2–3 Baldrianblüten / 1 Mango, geschält, in Stücken / 1 Kiwi, geschält, in Stücken / 1 Handvoll Endiviensalat, geschnitten / 150 ml Wasser / 1–2 Kapseln Kardamom, zerstoßen

Alle Zutaten in einen Blender geben und zu einem sämigen Smoothie mixen.
Tipp: Dieser Smoothie schmeckt fruchtig und „grün" – mit einem Hauch feiner Würze. Probieren Sie statt der Mango auch mal Bananen, Ananas oder andere exotische Früchte.

Bauch-gut-Smoothie

Für 1–2 Tassen: 1 kleine Handvoll Baldrianblätter / 1 kleine Handvoll Fenchelkraut / 1 Apfel, entkernt, in Stücken / 100 ml Apfelsaft / etwas Crushed Ice / 1 Prise Hildegard-von-Bingen-Bertrampulver

Alle Zutaten in einen Blender geben und gut mixen.
Info: Dieser Smoothie tut Ihrem Bauch so richtig gut: Baldrian, Fenchel und Apfel tragen das Ihre zum „Wohlgefühl der Mitte" bei – und der Bertram gilt überhaupt als Verdauungshelfer ersten Ranges. Wie heißt es so schön seit Hildegard von Bingen: Der Bertram lässt nichts unverdaut.

Baldriantinktur

Für 200 ml: 2 EL Baldrianwurzel / 200 ml Weingeist (70 Vol.-% Alkohol)
Baldrianwurzel in ein Schraubglas geben, mit dem Weingeist übergießen und 3 Wochen in der Küche stehen lassen. Danach in 2 Tropfenflaschen (à 100 ml) abfiltern. Bei Bedarf 3 x täglich 25 Tropfen mit Wasser oder einem Würfelzucker einnehmen bzw. ins Bauch-gut-Smoothie mischen.

Bärlauch – der wilde Knoblauchbruder

Allium ursinum L.

Wenn im Frühjahr der Knoblauchduft durch den Wald wabert, dann freuen sich die Kräutersammler, wird der Bärlauch doch oft und gerne in der Küche verwendet. Dass man mit dem Lauchgewächs aber auch vorzügliche Getränke machen kann, ist noch wenigen bekannt.

In Natur und Garten

Der Knoblauchgeruch ist das Merkmal der Pflanze und zeigt, dass es sich nicht um die giftigen Doppelgänger Aronstab, Herbstzeitlose oder Maiglöckchen handelt. Die Blätter treiben direkt aus dem Boden und sind in eine lanzettähnliche Blattfläche und einen dünnen Blattstiel gegliedert. Auf der Unterseite sind sie matt, die giftigen Doppelgänger haben eine glänzende Blattunterseite. Wichtig: Ernten Sie nur, wenn die Blätter wirklich vereinzelt stehen, und reiben Sie diese zwischen den Fingern, bis der typische Geruch entsteht. Im Garten mag die Pflanze halbschattige Lagen und einen humosen Boden. Anzuraten ist eine Wurzelsperre, die ein weitflächiges Ausbreiten des Bärlauchs verhindert.

Inhaltsstoffe

Allicin, Mineralsalze, Schleimstoffe, Zucker, Flavonoide, ätherische Öle, Saponine, Senfölglykoside, Vitamin B_1 und B_2

Wirkung und Anwendung

Bärlauch wird zur Vorbeugung von Arteriosklerose und hohem Blutdruck sowie zur Entgiftung verwendet. Er ist antibiotisch und fördert die Verdauung, hilft bei Darm- und Hauterkrankungen und bei Ekzemen.

Schnell gemacht: Detox-Kur

10–15 Bärlauchblätter in einen Blender geben, mit 300 ml Wasser auffüllen und gut durchmixen. Blätter abseihen, das Wasser im Kühlschrank aufbewahren. 14 Tage lang 3 x täglich 2 EL einnehmen.

Verwendbare Teile:
Blüten, Blätter, Zwiebel

Sammelzeit:
Blüten: Mai
Blätter: April, Mai
Zwiebeln: Herbst

Familie:
Lauchgewächs

Haltbarmachen:
einfrieren

Bärlauch-Smoothie

Für 2 Gläser: 5–8 Bärlauchblätter / einige Spinatblätter / 2 Bananen, in Stücken / 1 Bio-Apfel, entkernt, in Stücken / ca. 350 ml Wasser

Alle Zutaten im Blender so lange mixen, bis der Smoothie eine sämige Konsistenz hat.

Spring Milk

Für 2 Gläser: 400 ml Buttermilch / 1 Bio-Apfel, entkernt, in Stücken / 5–8 Bärlauchblätter / 2 EL Kresse / einige Minzblätter / Saft von 1 Zitrone / 1 TL Honig

Sämtliche Zutaten im Blender (Standmixer) zu einem cremigen Smoothie mixen.

Joghurt-Drink „Fit in den Frühling"

Für 2 Gläser: 500 ml flüssiger Joghurt (Ayran) / 10–15 Bärlauchblätter / Saft von 1 Zitrone / 1 Prise Kräutersalz

Alle Zutaten in einen Blender geben und gut mixen.
Tipp: Täglich 500 ml dieses Smoothies während der „kritischen Zeit" kann die Frühjahrsmüdigkeit vertreiben.

Blutweiderich – der purpurne Schmetterlingsfreund

Lythrum salicaria L.

Die prächtigen, purpurroten Blätter leuchten schon aus der Ferne – der Blutweiderich verdankt ihnen seinen Namen. Schon im Mittelalter galten die jungen Sprossen als Delikatesse.

In Natur und Garten

Die Heilpflanze hat ihr Leben dem Wasser angepasst, man findet sie häufig an Teichufern, Sümpfen und Flüssen. Das mehrjährige Kraut wird bis zu 1,5 m hoch, blüht von Juni bis September und ist wegen seines Nektars bei Bienen, Hummeln und Schmetterlingen sehr beliebt. Seine Blätter sind lanzettförmig und sitzen direkt am Stängel. Der Blutweiderich ist eine genügsame, winterharte Pflanze und hätte es verdient, häufiger kultiviert zu werden.

Inhaltsstoffe

Glykoside, Zucker, Gerbstoffe, Pektin, Eisen, Kalzium, Vitamin A

Verwendbare Teile:

Blüten

Sammelzeit:

April bis September

Familie:

Weiderichgewächse

Haltbarmachen:

trocknen

Wirkung und Anwendung

Aufgrund seiner antibiotischen Wirkung ist der Blutweiderich vor allem in der Grippezeit als Immunstärker zu empfehlen. Auch bei Entzündungen aller Art, Durchfall und Krankheitserregern im Darm leistet er gute Dienste.

Schnell gemacht: Blütentee

1 TL frische oder getrocknete Blutweiderichblüten mit 150 ml kochendem Wasser übergießen, 5–7 Minuten ziehen lassen und abseihen.

Roter Blütensirup

Für ca. 1,2 l: Blüten von 8 Rispen Blutweiderich / 1 l Wasser / 1 kg Zucker

Die Blüten mit Wasser bedecken und kurz aufkochen lassen. Dann Zucker zugeben. So lange einkochen lassen, bis die Masse eine sirupähnliche Konsistenz bekommt. Abkühlen lassen und in Flaschen füllen.
Tipp: Schmeckt mit Mineralwasser aufgespritzt ganz hervorragend – am besten mit vielen Eiswürfeln und 1 Schuss Verjus servieren.

Schnelles Blütenwasser

Für 2 Gläser: 4 EL Blutweiderichblüten / 15 Klatschmohnblüten / Blätter von 2 Stängeln Zitronenverbene / 500 ml Mineralwasser

Alle Zutaten in eine Karaffe geben, 2 Stunden im Kühlschrank ziehen lassen.

Blutweiderich-Smoothie

Für 2 große Gläser: Blüten von 8 Rispen Blutweiderich / 1/2 Honigmelone, entkernt, in Stücken / 2 kleine Bananen, in Stücken / 2 Kiwis, geschält, in Stücken / 2 EL Mandelmus / 100 ml Wasser / etwas Crushed Ice

Alle Zutaten außer dem Eis in einen Blender geben und rund 3 Minuten gut mixen. Eis auf zwei Gläser verteilen, den Smoothie darübergießen.

Blutweiderichtinktur

Für 750 ml: 50 g frische Blutweiderichblüten / 1 Vanilleschote, aufgeritzt / 700 ml Wodka (38 Vol.-% Alkohol) oder Doppelkorn

Blüten und Vanilleschote in ein Einmachglas geben und mit Wodka oder Doppelkorn übergießen. 2–3 Wochen an einem warmen Platz stehen lassen, dann abfiltern und in Flaschen füllen. 25 Tropfen der Tinktur in ein Glas Wasser geben – und fertig ist ein Durstlöscher für anstrengende und ansteckende Zeiten.
Bei Bedarf 3 x täglich trinken.

Brennnessel – das Vitalstoffpaket

Urtica dioica L.

Verwendbare Teile:
Blätter, Samen, Wurzel

Sammelzeit:
Blätter:
April bis September
Samen: August
Wurzeln: Herbst

Familie:
Brennnesselgewächse

Haltbarmachen:
trocknen

Die Bezeichnung Nessel stammt vom mittelhochdeutschen „Nezze" für Zwirn – die Brennnessel wurde bis zum 18. Jahrhundert als Faserpflanze für das Nesseltuch genutzt. Man schätzte sie aber auch wegen ihrer Heilkraft, erst in den letzten Jahrzehnten gilt sie – völlig zu Unrecht – als Unkraut.

In Natur und Garten
Die Brennnessel wächst in Auwäldern, an Waldrändern, Flussufern und auf Schuttplätzen, gerne auch in „Menschennähe". Die Zeigerpflanze für Stickstoff wird bis zu 1,5 m groß. In naturnahen Kräutergärten darf sie heute wieder bleiben. Wo die kraftvolle Helferin wächst, hinterlässt sie einen humusreichen Boden, hält Schädlinge und Pflanzenkrankheiten fern. Die Nesseljauche ist ein natürlicher Stickstoffdünger.

Inhaltsstoffe
Eisen, Magnesium, Kalzium, Natrium, Kalium, Kieselerde, Amine, Enzyme, Sekretin, Gerbstoffe, Zink, Vitamin E, Vitamin C (3 x mehr als Grünkohl oder Brokkoli)

Wirkung und Anwendung
Brennnesseln wirken basisch, blutreinigend, entwässernd, antirheumatisch und vieles mehr – vor allem aber unterstützen sie die Entgiftung. Wegen des hohen Eisengehalts sollten vor allem Veganer häufig Brennnesseln genießen.

Tipp
Im August sind die nussig schmeckenden Samen reif, am besten werden sie in eine Papiertüte „geschüttelt" – sie machen Smoothies nicht nur knackig, sondern noch gesünder.

Refresh-Brennnesselsirup

Für ca. 900 ml: 400 ml Wasser / 500 ml Holundersirup (siehe Seite 53) / Saft von 2 Zitronen / 1 Handvoll frische Brennnesseln / 20 Blätter Zitronenverbene

Wasser, Holundersirup und Zitronensaft aufkochen und dann abkühlen lassen. Brennnesseln sowie Blätter der Zitronenverbene dazugeben. 6 Stunden bei Zimmertemperatur und danach 24 Stunden im Kühlschrank ziehen lassen. Erst durch ein grobes und dann durch ein feines Sieb abseihen. Aufkochen und in Flaschen abfüllen.
Tipp: Mit prickelndem Mineralwasser aufgegossen wird daraus ein erfrischender Detox Drink.

Brennnessellimonade

Für 2 l: 2 l Wasser / 150 g Zucker / Blätter von 4 Stängeln Brennnessel / 10 Melissenblätter / 2 Bio-Zitronen, in Scheiben / 1 daumengroßes Stück Ingwer, geschält, grob gerieben

Wasser und Zucker aufkochen und unter Rühren so lange köcheln, bis sich der Zucker ganz aufgelöst hat. Noch heiß über die Brennnessel- und Melissenblätter gießen, Zitronenscheiben und Ingwer unterrühren und das Ganze zugedeckt 10 Minuten ziehen lassen. Abseihen und in ausgekochte Flaschen abfühlen.
Tipp: Gespritzt mit Mineralwasser ist diese Limonade ein Traum.

Goldenes Brennnessel-Aromawasser

Für 1 l: etwas Wasser für die Brennnesselblätter / Blätter von 3 Stängeln Brennnessel / 1 gelbe Kiwi (z. B. Zespri® SunGold), geschält , in Scheiben / 10 rote Weintrauben, halbiert / 1 l stilles Mineralwasser

Etwas Wasser zum Kochen bringen. Die Brennnesselblätter in einem Sieb damit übergießen. Blätter und Obst mit dem stillen Wasser in eine Weithalsflasche füllen. Flasche verschließen und für 3–4 Stunden in den Kühlschrank stellen.

Brennnessel-Detox-Wasser

Für 1 l: 1 Bio-Salatgurke, in Scheiben / 1 Bio-Zitrone, in Scheiben / 2 cm frischer Bio-Ingwer, in Scheiben / 1 Handvoll junge Brennnesselblätter (ca. 15 Stück) / 1 l Wasser

Alle Zutaten in eine Karaffe geben, zudecken und über Nacht im Kühlschrank ziehen lassen. Kalt genießen.

Orangen-Nessel-Drink

Für 2 Gläser: 500 ml Orangensaft / Blätter von 4 Stängeln Brennnessel

Die Zutaten in einem Blender so lange mixen, bis die Brennnesselblätter vollständig zerkleinert sind.

Sex on the Fields

Für 3 Gläser: 2 Bio-Äpfel, entkernt, in Stücken / 1 Avocado, geschält, in Stücken / Blätter von 4 Stängeln Brennnessel / 2 EL Brennnesselsamen, über Nacht in 250 ml Wasser eingelegt / 10 Blätter Feldsalat oder Baldrian

Die Früchte im Blender pürieren, dann Blätter und Samen samt Einweichwasser zugeben, zum Schluss den Salat. Alles gut mixen.
Tipp: Sex on the Fields mit Crushed Ice servieren.

Wild One

Für 2–3 Gläser: 150 ml Wasser / etwas Crushed Ice / 1 Honigmelone, entkernt, in Stücken / Blätter von jeweils 2 Stängeln Löwenzahn, Brennnessel, Melisse und Giersch / 2–3 rote Pfefferkörner / 4 cm Ingwer, geschält, grob gerieben / Saft von 1 Zitrone

Wasser und Eis in den Blender füllen, dann die übrigen Zutaten zugeben und alles gut mixen.

Energiespender-Smoothie

Für 2 Gläser: 15 Brennnesselblätter / Blätter von 1 Stängel Pfefferminze / 250 g Bio-Heidelbeeren / 1 Chili, entkernt (wer es weniger scharf will: 2 cm Ingwer, geschält, grob gerieben) / 100 ml Wasser / etwas Crushed Ice

Alle Zutaten in einen Blender geben und gut mixen.
Tipp: Mit ganzen Heidelbeeren und Minzblättern dekorieren.

Duftveilchen – der Frühlingsbote

Viola odorata L.

Der griechischen Mythologie nach entstand das erste Veilchen, als Zeus eine Tochter des Gottes Atlas in die Blume verwandelte. In der Antike galt es als heilig und war dem Gott Pan geweiht. Bei den Römern wurden zu Ehren des Saturns Veilchenkränze auf dem Kopf getragen. Hippokrates setzte das Veilchen bereits als Heilpflanze gegen allerlei Beschwerden ein.

In Natur und Garten

Das Veilchen liebt lehmhaltige Böden und sommergrüne, locker stehende Sträucher, es wächst gerne neben Rosen oder Leberblümchen, an Waldrändern und bei Gebüschen. Der süße Duft der 5–15 cm hohen Pflanze ist betörend, löst aber bei manchen Menschen Kopfweh aus. Von etwa 400 Veilchenarten wächst nur etwa ein Dutzend in unseren Gärten. Eine der ertragreichsten ist die „Königin Charlotte", die nicht nur im Frühling, sondern auch im Herbst ihr Blütenkleid trägt. Die historische „Princesse de Galle" hat auf ihren langen Stielen besonders großen Blüten.

Verwendbare Teile:
Blüten, Wurzel

Sammelzeit:
Blüten: März, April
Wurzel: nach der Blüte

Familie:
Veilchengewächse

Haltbarmachen:
trocknen

Inhaltsstoffe

Saponine, Alkaloide Odoratin und Violin, Bitterstoffe, Glykoside, Flavonoide, Cyamin, Eugenol

Wirkung und Anwendung

Veilchentee kann bei allen Arten von entzündlichen Hauterkrankungen und bei Gicht und Rheuma helfen. Zudem ist er bei Husten, nervöser Unruhe und Schlafstörungen wirksam. Zur Blutreinigung kann die getrocknete Wurzel verwendet werden, aber nur in kleinen Dosen.

Schnell gemacht: Veilchen-Melissen-Tee

1 gehäufter TL Veilchenblüten und 10 Melissenblätter in 250 ml kochendes Wasser geben und 5 Minuten zugedeckt ziehen lassen. Abseihen und trinken.

Veilchensirup

Für etwa 1,2 l: 1 kg Zucker / 1 l Wasser / 1 Handvoll Veilchenblüten / 20 Melissenblätter / 2 Zweige Thymian, gerebelt / 1 Bio-Zitrone, in Scheiben / 20 g Zitronensäure

Zucker in heißem Wasser auflösen und aufkochen, bis die Lösung zäh und durchscheinend ist. Veilchenblüten, Melissenblätter und Thymian untermischen und die Zitronen zufügen. 2–3 Tage in der Zuckerlösung ziehen lassen. Durch ein Tuch oder einen feinen Filter in einen neuen Topf abseihen, die Flüssigkeit nochmals aufkochen und ca. 3 Minuten köcheln lassen. Sirup in Flaschen (Bügelverschluss!) füllen und kühl aufbewahren.

Tipp: Den Sirup am besten 1:6 mit Wasser verdünnen – das ergibt einen köstlichen Durstlöscher.

Veilchenspritz mit Verjus

Für 1,5 l: 1 kleine Handvoll Veilchenblüten / 500 ml Verjus / 1 l prickelndes Mineralwasser

Die Blüten in einer Karaffe mit dem Verjus aufgießen und über Nacht im Kühlschrank ziehen lassen. Abseihen und den Veilchen-Verjus mit dem eiskalten Mineralwasser aufspritzen.

Info: Verjus gilt als Zitrone des Mittelalters. Er wird aus unreifen Trauben gepresst, enthält keinen Alkohol und kann in der Küche überall dort eingesetzt werden, wo sonst mit Zitronen, Essig oder Wein gearbeitet wird. Er hat eine elegante, milde Säure und schmeckt mit Wasser aufgespritzt sehr gut.

Veilchen-Verbenen-Wasser

Für 1,3 l: 1–2 Stängel Zitronenverbene / Saft von 1/2 Zitrone / 250 ml Veilchensirup / 1 l Wasser

Die Zitronenverbene in eine Flasche geben, mit Zitronensaft und Sirup mischen. Mit Wasser auffüllen und 2–3 Stunden kühl stellen. Aromawasser in eine neue Flasche abseihen.

Frostige Veilchenlimonade

Für 2–3 Gläser: 500 ml Wasser / 1 kleine Handvoll frische Veilchenblüten / 5 EL Zucker / Saft von 3 Zitronen / etwas Crushed Ice

Wasser aufkochen, vom Herd nehmen und 2 Minuten auskühlen lassen. Veilchenblüten und Zucker zugeben. So lange umrühren, bis die Lösung klar ist. Ganz abkühlen lassen. Zitronensaft zufügen, gut umrühren und die Veilchenflüssigkeit in einen Blender abseihen. Mit Crushed Ice auffüllen und mixen (so viel Eis zugeben, dass die Limo eine ähnliche Konsistenz wie Schneematsch bekommt).

Wildblütenbowle ohne Alkohol

Für 3 l: je 1 kleine Handvoll Gänseblümchen-, Gundermann-, Taubnessel- und Veilchenblüten / 10–15 Gierschblätter / 5 Duftrosenblüten (ohne weiße Blattunterseite) / 15 Löwenzahnblüten ohne Körbchen / 1,5 l naturtrüber Apfelsaft / 1 Bund Waldmeister (vor oder während der Blüte), leicht angewelkt / Saft von 1 Zitrone / 1,5 l Mineralwasser

Die Blüten und Blätter mit dem Apfelsaft in ein großes Gefäß geben. Den zusammengebundenen Waldmeister kopfüber in die Flüssigkeit hängen und nach 2 Stunden wieder entfernen. Die Blüten und Blätter über Nacht im Kühlschrank ziehen lassen. Dann abfiltern, mit Zitronensaft abschmecken und mit Mineralwasser aufgießen.

Aviation Cocktail

Für 2 Gläser: 12 ml alkoholfreier Gin (z. B. von Seedlip©) / 40 ml frischer Zitronensaft / 15 ml Marascino-Kirschsaft (z. B. den Saft Luxardo© Maraschino Cherries) / 15 ml Veilchensirup

Alle Zutaten im Shaker gut schütteln, durch ein Barsieb in Cocktailgläser füllen.

Duftiger Kirsch-Smoothie

Für 4 Gläser: 750 ml Kirschsaft / Saft von 2 Limetten / 250 g Kirschen (entsteint gewogen) / 5 EL Veilchensirup (siehe Seite 33)

Kirschsaft eine Stunde im Kühlschrank kühlen, Limettensaft dazugeben Die Kirschen in einen Blender geben und zusammen mit Kirschsaft und Veilchensirup zu einem Smoothie pürieren.

Franzosenkraut – der Weltenbummler

Galinsoga parviflora L.

Das Knopf- oder Franzosenkraut stammt wie Mais, Kartoffel und Tomate aus Südamerika und ist heute weltweit verbreitet. Im 18. Jahrhundert fand es Einzug in die legendären Londoner Kew Gardens. Die rasante Verbreitung der Pflanze in ganz Europa ist aber den napoleonischen Kriegen geschuldet, denn man führte es als Pferdefutter mit.

In Natur und Garten

Die dauerblühende, einjährige Pflanze ist anspruchslos, steht aber gerne auf kalkhaltigen, lehmigen Böden und findet sich vielerorts: an Straßenrändern, auf Äckern und in Gärten. Die kleinen, knopfartigen, gelb-weißen Blüten, die bis zu 15.000 Samen beinhalten, stehen an einem blättrigen Stängel, der 50–80 cm hoch wird. Franzosenkraut ist an seinem charakteristischen Geruch nach frischem Kohl gut zu erkennen. Es ist eine Zeigerpflanze für gute Erde. Seine Samen können selbst nach 10 Jahren erneut austreiben. Freuen Sie sich, wenn diese gesunde Pflanze in Ihrem Garten wächst.

Verwendbare Teile:
Blüten, Blätter

Sammelzeit:
Mai bis Oktober

Familie:
Korbblütler

Haltbarmachen:
trocknen, einfrieren

Inhaltsstoffe

Das Franzosenkraut zeichnet sich durch den zweithöchsten Eisengehalt unter unseren heimischen Wildpflanzen aus und ist zudem reich an Kalzium, Magnesium, Kalium, den Vitaminen A und C, Mangan und Phosphor.

Wirkung und Anwendung

Der Pflanzensaft kann zur Wundbehandlung eingesetzt werden, lindert auch grippale Infekte, Leberschwäche und Magen-Darm-Beschwerden.

Schnell gemacht: Franzosenkraut-Minz-Tee

1 EL Franzosenkrautblüten und 1 TL Ananasminze mit 250 ml kochendem Wasser übergießen und 5–10 Minuten zugedeckt ziehen lassen, dann abseihen. Hilft zur Vorbeugung von Eisenmangel.

Franzosenkraut-Smoothie

Für 2–3 Gläser: 2 Bananen, in Stücken / Saft von 6 Orangen / 1 kleine Handvoll Franzosenkrautblätter und –blüten / 1 kleine Handvoll Löwenzahnblätter und -blüten / einige Blätter Erdbeer- oder Ananasminze / Zucker nach Geschmack

Alle Zutaten außer dem Zucker in einen Blender (Standmixer) geben und gut mixen. Sollte der Smoothie zu dickflüssig sein, etwas Wasser zugeben und nochmals mixen. Nach Geschmack süßen.

Beeren-Franzosenkraut-Smoothie

Für 2 Gläser: 500 g Beerenmix (Erd-, Heidel- und Himbeeren, auch tiefgekühlt) / 15 Franzosenkrautblätter / Blätter von 2 Melissenstängeln / etwas Wasser bei Bedarf

Alle Zutaten im Blender so lange mixen, bis der Smoothie eine sämige Konsistenz hat. Bei Bedarf etwas Wasser zugeben.

Sweet-France-Frappé

Für 2–3 Gläser: 30 Franzosenkrautblätter / 1 Banane, in Stücken / 1 Bio-Birne, entkernt, in Stücken / 1 Bio-Apfel, entkernt, in Stücken / 1 Mango, geschält, in Stücken / ca. 200 ml Wasser

Alle Zutaten in einen Blender geben und gut mixen. Nach Wunsch mit etwas Wasser verdünnen und nochmals durchmixen.

Iron Man

Für 2 Gläser: 200 ml Wasser / 1 Handvoll Crushed Ice / 25 Franzosenkrautblätter / 1/2 Zuckermelone, entkernt, in Stücken / 1 Handvoll Mangold, die harten Stängel entfernt

Wasser und Eis in einen Blender geben. Dann alle weiteren Zutaten zugeben und gut mixen.
Info: Dieser Smoothie schmeckt angenehm erfrischend und versorgt mit einer Extraportion Eisen.

Gänseblümchen – die ausdauernde Schönheit

Bellis perennis L.

Seinen Namen trägt das Gänseblümchen als Hinweis auf seinen einst bevorzugten Standort – die Gänseweiden, wo es eine Delikatesse für die schnatternden Vögel war. In der griechischen Mythologie stellten die kleinen Blüten die Tränen der schönen Helena dar, in der nordischen Sage war die Pflanze der Göttin Freya geweiht, die für Frühling, Fruchtbarkeit, Glück und Liebe stand.

In Natur und Garten

Gänseblümchen sind sehr genügsam, sie gedeihen auf stickstoffarmen Böden, auf Wiesen und an Wegrändern, vor allem an sonnigen Standorten. Wie viele Korbblütler schließen sie nachts und bei Regen ihre Blüten. Das bis zu 15 cm hohe Pflänzchen ist besonders widerstandsfähig und kann auch in Blumenkisten kultiviert werden.

Verwendbare Teile:
Blüten, Knospen, Blätte

Sammelzeit:
Knospen und Blüten:
April bis Oktober
Blätter: April bis Juli

Familie:
Korbblütler

Haltbarmachen:
trocknen

Inhaltsstoffe

Vitamin C, Kalium, Kalzium, Magnesium, Eisen, Gerb- und Schleimstoffe, ätherische Öle, Flavonoide

Wirkung und Anwendung

Das Gänseblümchen ist blutreinigend, krampf- und schleimlösend. Es wirkt bei Erkältungskrankheiten, Husten und Bronchitis, regt den Stoffwechsel an und ist unterstützend bei Hautkrankheiten.

Schnell gemacht: Gänseblümchentee

2 TL Gänseblümchenblüten mit 250 ml kochendem Wasser übergießen, 10 Minuten ziehen lassen und dann abseihen.

Süßer Joghurtdrink

Für 2 Gläser: 20 g getrocknete oder 1 Handvoll frische Gänseblümchenblüten / 250 g Joghurt / 2 EL Honig / 50 ml stilles Mineralwasser

Alle Zutaten in ein hohes Gefäß geben und mit dem Stabmixer mixen, bis der Drink eine sämige Konsistenz hat.

Gänseblümchen-Kokos-Smoothie

Für 3 Gläser: 20 g getrocknete oder 1 Handvoll frische Gänseblümchenblüten / 1 Handvoll Löwenzahnblüten ohne Körbchen / 2 EL Kokosflocken / 500 ml Kokosmilch oder -wasser / 2 EL Rohrzucker / etwas Zitronensaft

Alle Zutaten im Blender (Standmixer) zu einem Smoothie mixen.

Magenfreund-Eistee

Für 1,5 l: 700 ml Wasser / 2 EL Gänseblümchenblüten / 1 EL Fenchelsamen oder 2 EL frisches Fenchelgrün, gehackt / je 1 EL Melissenblätter, Kamillenblüten und Lavendelblüten / 1 großer Krug Eiswürfel / etwas Zucker

Das Wasser aufkochen. Die Kräuter in einem Teekrug mischen und mit dem Wasser übergießen. 15 Minuten ziehen lassen. Dann durch ein Sieb in den Krug mit Eiswürfeln gießen. Nach Geschmack süßen.

Gänseblümchen-Apfel-Trunk

Für 1 l: 20 g getrocknete oder 1 Handvoll frische Gänseblümchenblüten / 1 l Apfelsaft / Saft von 1 Zitrone / ein paar Tropfen Stevia / Zesten von 1 Bio-Zitrone oder Bio-Orange

Gänseblümchenblüten im Apfelsaft aufkochen und abkühlen lassen. 12 Stunden im Kühlschrank ziehen lassen. Flüssigkeit abseihen, Zitronensaft einrühren, mit Stevia süßen und mit Zitronen- oder Orangenzesten verfeinern.

Gänseblümchensirup

Für ca. 850 ml: 100 g getrockenete oder 200 g frische Gänseblümchen / 500 g brauner Rohrzucker / 750 ml naturtrüber Apfelsaft

Gänseblümchen mit dem Zucker kräftig zerstoßen und gut vermischen, den Apfelsaft darübergießen und über Nacht ziehen lassen. Dann die Flüssigkeit aufkochen, abseihen und in Flaschen gießen.
Tipp: Probieren Sie, Gänseblümchenblüten in Eiswürfeln einzufrieren – das gibt eine entzückende Dekoration für Sommerdrinks.

Gänseblümchenwasser

Für 1 l: 20 g getrocknete oder 1 Handvoll frische Gänseblümchenblüten / ein paar Zweige Zitronenthymian / 1 l Wasser

Blüten und Zweige in eine Glasflasche geben. Mit Wasser auffüllen und 3–4 Stunden im Kühlschrank ruhen lassen, dann abseihen.
Tipp: Mit frischen Gänseblümchenblüten und Thymianzweigen servieren.

Gänseblümchenlimonade

Für ca. 2,5 l: 150 ml Wasser / 20 g getrocknete oder 1 Handvoll frische Gänseblümchenblüten / 10 Blätter Ananasminze oder Melisse / 150 ml Holundersirup / Saft von 5 Zitronen / Zesten von 2 Bio-Zitronen / 2 l prickelndes Mineralwasser

Wasser zum Kochen bringen und über die Gänseblümchen gießen. Nach 10 Minuten abgießen und auskühlen lassen. Minz- oder Melissenblätter in eine große Karaffe geben, Holundersirup, Gänseblümchentee, Zitronensaft und -zesten dazugeben und mit dem eiskalten Mineralwasser auffüllen.
Tipp: Wenn die Limonade nicht süß genug ist, mit Holundersirup nachsüßen.

Giersch – der Mineralstofflieferant

Aegopodium podagraria L.

Bei den alten Römern und auch im Mittelalter war der Giersch in fast jedem Gemüse- oder Klostergarten zu finden. Man schätzte seine Vitalstoffe, seinen Geschmack und seine Heilkräfte – und nannte den Doldenblütler auch Zipperlein- oder Gichtkraut.

In Natur und Garten

Der Giersch wächst in lichten Laub- und Mischwäldern und liebt feuchte und nährstoffreiche Böden. Er ist mehrjährig, wird etwa 60 cm hoch, seine Blüten sind weiß. Am besten ist er an seinen dreikantigen Blattstielen, den dreigezackten Blättern und dem leichten Petersilienduft seines Saftes zu erkennen. Bei vielen Gartenbesitzern ist der Giersch ein ungebetener Gast, der sich schnell verbreitet und ganze Flächen in Anspruch nimmt. Sehr gut und nicht so störend gedeiht er als Unterpflanzung von Beerensträuchern.

Verwendbare Teile:
Die ersten zarten Blätter

Sammelzeit:
März bis September

Familie:
Doldenblütler

Haltbarmachen:
nur frisch verwenden

Inhaltsstoffe

Vitamine A und C, ätherisches Öl, Eisen, Kalium, Magnesium, Kalzium, Phosphor, weitere Mineralstoffe und Spurenelemente

Wirkung und Anwendung

Der Giersch wird vor allem wegen seiner Wirkung bei Rheuma und Gicht sehr geschätzt. Er ist krampflösend und hilft auch gegen Übersäuerung. Dank seiner vielen Vitalstoffe ist er bei Erkältungen ein wertvoller Unterstützer.

Schnell gemacht: Giersch-Minz-Tee

Je 1 TL frische Giersch- und Pfefferminzblätter mit 250 ml kochendem Wasser übergießen, 5 Minuten ziehen lassen, abseihen. Den mineralstoffreichen Tee mit ein wenig Waldhonig süßen. 2 x täglich eine Tasse trinken.

Gierschlimonade

Für 1,5 l: 500 ml Apfeldirektsaft / 8–12 Gierschblätter (keine Stängel) / 1 Stängel Zitronenmelisse / 1 Bio-Zitrone, in Scheiben / 1 l Mineralwasser

Apfelsaft, Kräuter und Zitronenscheiben in ein Gefäß geben und am besten über Nacht im Kühlschrank ziehen lassen, dann abgießen und mit Mineralwasser aufspritzen.

Erfrischender Basensaft

Für ca. 2–3 Gläser: 20 Gierschblätter (keine Stängel) / 4 Bio-Äpfel, entkernt, in Stücken / Saft von 1/2 Zitrone / Saft von 4 Orangen / 3 cm Ingwer, geschält, grob gerieben

Alle Zutaten im Blender pürieren. Ein paar Minuten stehen lassen, dann nochmals aufmixen und durch ein feinmaschiges Sieb in Gläser füllen.

Brennnessel-Giersch-Balance

Für ca. 1 l: 700 ml Wasser und etwas Wasser zum Überbrühen / 10 Gierschblätter (keine Stängel) / Crushed Ice / 15 Brennnesselblätter / 1 kleine Honigmelone, in Stücken / 5 Blätter Lollo Rosso

Etwas Wasser zum Kochen bringen, Brennnesselblätter damit übergießen. 700 ml Wasser und Eis in einen Blender füllen, dann alle weiteren Zutaten hinzugeben und mixen.

Kirsch-Giersch-Eistee

Für 2,2 l: 1 l Wasser / 1 l Kirschsaft / Saft von 2 Zitronen / 140 g Zucker / 1 Msp. Vanillezucker / 5 Gierschblätter (keine Stängel)

Alle Zutaten außer dem Giersch in einen großen Topf geben und aufkochen. Den Giersch in einen Teebeutel geben, hineinhängen und 5 Minuten ziehen lassen. Teebeutel entfernen. Tee abkühlen lassen. In Flaschen gefüllt, hält er bis zu 2 Tage.

Power Drink für Sportler

Für 2 große Gläser: 20 Gierschblätter (keine Stängel) / 4 entsteinte Datteln / Saft von 1 Zitrone / 1 Bio-Apfel, entkernt, in Stücken / etwa 500 ml Wasser / 2 EL Chiasamen

Alle Zutaten in einen Blender geben und pürieren. Kurz ziehen lassen, damit die Chiasamen leicht aufquellen, dann nochmals aufmixen.
Tipp: Giersch ist der beste Eiweißlieferant unter den Wildkräutern und enthält auch eine gute Portion Magnesium – das kann z. B. beim Sport helfen.

Giersch-Apfel-Mix

Für 3–4 Gläser: Saft von 2 Bio-Zitronen / 3 Bio-Äpfel, entkernt, in Stücken / Blätter von 3–4 Gierschstängeln / Blätter von 1 Stängel Zitronenverbene / 750 ml Wasser

Alle Zutaten im Blender kurz mixen, kühl stellen. Nach etwa 1 Stunde nochmals aufquirlen.

Paradies-Smoothie

Für 2–3 Gläser: 15–20 Gierschblätter (keine Stängel) / 5 Blätter Ananasminze oder Melisse / 1 Ochsenherz-Tomate, in Stücken / 3 Jungzwiebeln, grob geschnitten / ca. 400 ml Wasser / 5 EL Zitronensaft / 1 EL Olivenöl / Salz, Pfeffer

Blätter, Tomate und Jungzwiebeln in einen Blender (Standmixer) geben und mit einem kleinen Teil des Wassers sämig mixen. Zitronensaft, Öl und Gewürze nach Geschmack zufügen, mit dem restlichen Wasser auffüllen und nochmals gut mixen.
Tipp: Reife Gierschsamen eignen sich nicht nur als Gewürz für viele Speisen, sondern geben auch Smoothies einen zart-aromatischen Kick – einfach wie Chiasamen einrühren, z. B. in diesen Smoothie.

Giercado-Smoothie

Für 1 l: 20 Gierschblätter (keine Stängel) / 1/2 Avocado, geschält, in Stücken / 1 Apfel, entkernt, in Stücken / 1 Banane, in Stücken / Saft von 1/2 Zitrone / 3 cm Ingwer, geschält, grob gerieben / ca. 350 ml Wasser

Alle Zutaten in einen Blender geben und zu einem sämigen Smoothie mixen.
Tipp: Dieser Smoothie eignet sich als schnelle Mahlzeit fürs Büro – dafür eventuell die Wassermenge etwas reduzieren.

Gundermann – der Kraftspender

Glechoma hederacea L.

Kaum jemand kennt die auch Gundelrebe genannte Pflanze, obwohl sie in Hausapotheke wie Küche ein Hit sein kann. Ihr Name rührt von ihrer Heilkraft gegen Eiter, einst „Gund" genannt. Bereits die alten Germanen nutzten den Gundermann als Küchen- und Heilkraut. Den Namen Kranzlkraut bekam er, weil die erste Milch nach dem Kalben durch einen Gundelrebenkranz gemolken wurde, damit das Kalb mit einer guten Milch aufwachsen kann.

In Natur und Garten

Den Gundermann kann man fast das ganze Jahr frisch ernten, selbst unter dem Schnee zeigt er junge Triebe. Er wird bis zu 30 cm hoch, wächst am Waldrand, unter Hecken und in feuchten Wiesen und ist an seinen gekerbten nieren- oder herzförmigen Blättern und den vierkantigen Stängeln zu erkennen. Beim Zerreiben riecht er leicht nach Minze. Im naturnahen Hausgarten ist Ground Ivy, so der englische Name, ein pflegeleichter, violett blühender Bodendecker für den Schatten oder Halbschatten. Doch Obacht: Er verbreitet sich sehr rasch. Samen können am Ende des Sommers ausgesät, vorgezogene Pflänzchen im Frühjahr gesetzt werden.

Inhaltsstoffe

Bitterstoffe, ätherisches Öl, Harz, Gerbstoffe, Saponine, Kalium und andere Mineralstoffe, viel Vitamin C

Wirkung und Anwendung

Der Gundermann hilft sehr gut bei schlecht heilenden Wunden und löst den Schleim bei Bronchitis und Schnupfen. Vor allem aber wirkt er stoffwechselfördernd und entzündungshemmend und ist gut für Niere und Blase. In der Volksmedizin wird Gundermann zur Rekonvaleszenz bei Müdigkeit und Erschöpfung empfohlen.

Verwendbare Teile:
Blüten, Blätter

Sammelzeit:
Blüten: April bis Juli
Blätter: März bis Juli

Familie:
Lippenblütler

Haltbarmachen:
trocknen

Kräuter-Apfel-Limo

Für 1,5 l: 1 l Apfelsaft / 10 Gierschblätter / 1 kleine Handvoll Gundermannblüten (keine Blätter und Stängel) / 20 Melissenblätter / Saft von 1 Zitrone / etwas Zucker oder Stevia / 500 ml Mineralwasser

Apfelsaft, Kräuter und Zitronensaft in ein Gefäß geben und 6 Stunden ziehen lassen. Dann abseihen, nach Geschmack süßen und mit Mineralwasser aufspritzen.
Tipp: Mit dünnen Apfelscheiben und Melisse servieren.

Gunderwasser

Für 1 l: 1 kleine Handvoll Gundermannblüten (keine Blätter und Stängel) / 1 Melissenstängel / 1 Bio-Limette, in Scheiben / 1 l Wasser / 4–8 EL Apfel- oder Himbeeressig

Gundermannblüten und Melisse in eine Karaffe gebenen, die Limette zufügen und alles mit Wasser auffüllen. Mit Apfelessig nach Geschmack abschmecken. Mindestens 5 Stunden im Kühlschrank ziehen lassen.

Gundermann-Vitamin-Eistee

Für 2 l: 1,5 l Wasser / 1 kleine Handvoll Gundermannblüten (keine Blätter und Stängel) / 5 EL brauner Zucker / 1 Bio-Limette, in Scheiben / 20 Gänseblümchenblüten / 1 Stängel Ananasminze / 1 Handvoll Eiswürfel / ca. 500 ml Granatapfelsaft

Das Wasser kochen und auf ca. 90 °C abkühlen lassen. Gundermann mit Zucker und Limettenscheiben in ein großes Gefäß geben und mit dem heißen Wasser übergießen. Die restlichen Zutaten hinzugeben und umrühren. Mindestens 20 Minuten ziehen lassen, besser länger. Durch ein Sieb auf die Eiswürfel gießen, auskühlen lassen und mit Granatapfelsaft nach Geschmack aufgießen.

Grüner Gundermann

Für 3 Gläser: 1 Kiwi, geschält, in Stücken / 1 Banane, in Stücken / 1 Bio-Apfel, in Stücken / 2 TL Agavendicksaft / 2 EL Zitronensaft / 1 kleine Handvoll Gundermannblüten (keine Blätter und Stängel) / 400 ml Wasser

Alle Zutaten im Blender so lange mixen, bis der Smoothie eine sämige Konsistenz hat.

Früchte-Smoothie mit „Kräutersalat"

Für 2–3 Gläser: 1 Handvoll Römersalat / 1 kleine Handvoll Gundermannblüten (keine Blätter und Stängel) / 1/2 Honigmelone, entkernt, in Stücken / 3 kleine Bio-Äpfel, entkernt, in Stücken / 1 kleines Stück Ingwer, geschält, grob gerieben / Saft von 1/2 Zitrone / Wasser nach Geschmack

Sämtliche Zutaten im Blender (Standmixer) zu einem cremigen Smoothie mixen.

Frühlingsgrüner Blüten-Smoothie

Für 2–3 Gläser: 10 Blätter Lollo Rosso, grob geschnitten / 6 Orangen, in Spalten / Kerne von 7 Walnüssen / 1 kleine Handvoll Gundermannblüten (keine Blätter und Stängel) / 10 Melissenblätter, grob geschnitten / etwas Wasser / 1 Prise Kräutersalz / ein paar Tropfen Olivenöl

Alle Zutaten in einen Blender geben und gut mixen.

Gundermann-Shake

Für 2 Tassen: 500 ml Milch / 1 kleine Handvoll Gundermannblüten (keine Blätter und Stängel) / einige Melissen- und Minzblätter / 1 EL Honig

Die Milch mit den Blüten und Blättern einmal aufkochen lassen. Dann den Topf vom Herd nehmen und die Milch komplett auskühlen lassen. Durch ein feines Sieb gießen und wieder auf etwa 35 °C (handwarm) erwärmen. Honig zugeben und gut verrühren.

Hirtentäschel – das würzige Frauenkraut

Capsella bursa-pastoris L.

Carl von Linné, der berühmte schwedische Naturforscher, hat diese Pflanze erstmals „bursa-pastoris" genannt, was so viel wie „Tasche" und „Hirte" bedeutet – denn die Samenkapseln erinnerten ihn an die Geldbeutel der Hirten. Das Hirtentäschel ist mit dem Senf verwandt – und diese Verwandtschaft kann es geschmacklich nicht abstreiten.

In Natur und Garten
Dieses recht filigran wirkende und bis zu 50 cm hohe Pflänzchen wächst eigentlich überall: auf Äckern, Wiesen und Schutthalten oder in Wäldern. Ein unverkennbares Unterscheidungsmerkmal ist der Geschmack, der an Senf und Käse erinnert. Die Blüten sind weiß, die Früchte kleine herzförmige Schoten. Das Hirtentäschel ist Sonnenanbeter und Zeigerpflanze für stickstoffhaltige Böden. Leider wird es oft nur als Unkraut gesehen und entfernt. Will man es im Garten haben, können einfach Samen gestreut werden.

Verwendbare Teile:
Kraut und Blüte

Sammelzeit:
März bis Oktober

Familie:
Kreuzblütler

Haltbarmachen:
trocknen

Inhaltsstoffe
Cholin, biogene Amine, Aminosäuren, Flavonglykosid, Saponin, Gerbstoff, Kaliumsalze, Kalzium, Vitamine (vor allem Vitamin C), Senfölglykoside sowie ein Peptid mit blutstillender Wirkung

Wirkung und Anwendung
Das Hirtentäschel harmonisiert den Blutdruck, fördert die Verdauung, lindert Rheuma und Gicht und kann Blutungen (Nasenbluten, oberflächlich blutende Hautverletzungen etc.) stillen. Als Vorbeugung bei zu starker Menstruation etwa 8 Tage vor Regelbeginn 1–2 Tassen Tee trinken. Achtung: Während der Schwangerschaft kein Hirtentäschel verwenden!

Wellnesstipp:
Die kleinen Früchte haben eine leicht pfeffrige, scharfe Note, bringen den Kreislauf in Schwung und passen ideal als Finish über einen Smoothie.

Power Smoothie mit Hirtentäschel

Für 2 Gläser: 10 Hirtentäschel-Blattrosetten / 20 Melissenblätter / 1 Apfel, entkernt, in Stücken / 1 Handvoll Himbeeren / 1 Handvoll Rosinen, über Nacht in etwas Wasser eingeweicht (mit Wasser verwenden) / Wasser nach Bedarf / Zucker nach Geschmack

Alle Zutaten in einen Blender geben (so viel Wasser zufügen, wie man möchte) und alles zu einem Smoothie mixen. Nach Geschmack süßen.

Balance Smoothie

Für 1 Glas: 8 Hirtentäschel-Blattrosetten / 20 Gänseblümchenblüten / 10 Schafgarbenblüten / 1/2 Mango, geschält, in Stücken / 1 TL Chiasamen / 2 frische oder getrocknete und in Wasser eingeweichte Feigen / Zucker nach Geschmack

Alle Zutaten im Blender zu einem Smoothie mixen, nach Geschmack süßen.

Detox-Hirtenwasser mit Apfel und Mango

Für 1,5 l: 1 l Wasser / 3 Bio-Äpfel, entkernt, halbiert, in dünnen Scheiben / 5 Hirtentäschel-Blattrosetten / 1 Mango, geschält, in Stücken

Wasser in ein geeignetes Gefäß füllen und alle Zutaten darin versenken. 3 Stunden im Kühlschrank ruhen lassen.

Hirtentäscheltinktur

Für 500 ml: 50 g frisch geschnittenes, blühendes Hirtentäschelkraut / 500 ml Doppelkorn oder Wodka (38 Vol.-% Alkohol)

Hirtentäschelkraut mit Doppelkorn oder Wodka in eine Weithalsflasche füllen und 14 Tage in der Sonne oder in Herdnähe ziehen lassen. Abfiltern und in Flaschen bzw. in Tropfenfläschchen abfüllen.
Für ein Detox-Wasser spritzen Sie 10 Tropfen der Tinktur, den Saft von 1 Zitrone und etwa 1–2 EL geriebenen Ingwer mit 1 l Wasser auf.

Holunder – die Apotheke der Bauern

Sambucus nigra L.

Der Hollerbusch ist eine der ältesten bekannten Nutz- und Heilpflanzen, kann vielseitig verwendet werden und ist mit seinem Wirkungsradius fast ein „Medizinschrank". Holundersirup ist seit Jahren sehr beliebt und macht nicht nur den „Hugo" so schmackhaft. Ansonsten führt die heilkräftige Pflanze allerdings eher ein Schattendasein – und das hat sie nicht verdient.

In Natur und Garten
Der Holunder ist fast überall zu finden, am häufigsten an den Rändern von Laub- und Mischwäldern. Der Strauch kann bis zu 7 m hoch werden, ist breitbuschig, sein Holz ist innen hohl. Im Mai blüht er cremeweiß, im Sommer kommen die Beeren, die schwarz, glänzend und sehr saftig sind. In großen Gärten ist der Busch ein schöner Blickfang, er fühlt sich in der Sonne und im Halbschatten wohl. Für kleine Gärten gibt es den Holler mittlerweile als einstämmiges Bäumchen.

Inhaltsstoffe
Cholin, ätherisches Öl, Flavonoide, Rutin, Gerbstoff, Schleimstoffe, Kalisalze; Früchte auch Zucker, Fruchtsäuren sowie die Vitamine A, B2, C und Folsäure

Wirkung und Anwendung
Der Holunder sorgt vor allem für ein gutes Immunsystem. Er wirkt fiebersenkend und hilft u. a. unterstützend bei Erkältung. Seine blutreinigende Wirkung ist für eine Frühjahrskur ideal. Holunder ist Bestandteil vieler Heilkräuter-Teemischungen und ergänzt z. B. die Ernährung bei Diabetes. Achtung: Holunderbeeren dürfen nicht roh verwendet werden!

Jürgen Schneiders Tipp: Immer frischer Saft
Frieren Sie reife Holunderbeeren ein, so haben Sie auch im Winter stets einen frischen Saft: Die Beeren mit dem Entsafter aufkochen und heiß in Flaschen füllen.

Verwendbare Teile:
Blüten, Beeren

Sammelzeit:
Blüten: Mai, Juni
Beeren: August, September

Familie:
Geißblattgewächse

Haltbarmachen:
trocknen, einfrieren (Beeren)

Holunderblütensaft

Für ca. 2,2 l: 12 Holunderrispen / 2 l Wasser / Saft und Zesten von 1–2 Bio-Orangen und 1–2 Bio-Zitronen / 1 kg Kristallzucker / 35 g Zitronensäure

Die Hollerblüten in einen Topf geben und mit dem Wasser begießen. Orangen- und Zitronenzesten beigeben. Mit einem Teller beschweren und einem Küchentuch abdecken. Nach 2 Tagen abseihen. Zucker mit etwas abgeseihtem Hollersaft erwärmen, bis er sich aufgelöst hat. Zitronensäure einmengen und gut verrühren. Mischung in den Saft rühren, kurz aufkochen. Den Hollerblütensaft bis zum Rand in Flaschen füllen und diese gut verschließen (am besten eignen sich 0,33-l-Flaschen mit Bügelverschluss). Bei 80–90 °C etwa 30 Minuten im vorgeheizten Backofen pasteurisieren. Kühl und dunkel lagern.

Hollerkochsaft

Für ca. 2–3 Flaschen: 1 kg Holunderbeeren, gerebelt / 500 ml Wasser / 700 g Bio-Birnen, entkernt, in Stücken / 700 g Bio-Zwetschken, entkernt, in Stücken / brauner Zucker, Agavendicksaft oder eine kalorienfreie Variante nach Geschmack / 10 Gewürznelken / 1 Zimtstange / Zesten von 1 Bio-Zitrone

Die Holunderbeeren mit dem Wasser langsam zum Kochen bringen. Sobald sie warm sind, Birnen- und Zwetschkenstücke dazugeben. Langsam weiterköcheln, bis es leicht zu sprudeln beginnt. Zucker und Gewürze zugeben. Alles gut durchmischen. Sprudelnd aufkochen, dann die Temperatur zurücknehmen. So lange bei mittlerer Temperatur weiterkochen, bis die Birnen und Zwetschken weich sind – das dauert etwa 20–30 Minuten. Zwischendurch abschmecken, bei Bedarf noch etwas nachsüßen. Den Topf vom Herd nehmen und langsam abkühlen lassen. Mit einem feinen Küchentuch abseihen. Früchte leicht andrücken, bis etwas Saft austritt, nicht zerquetschen. Den Saft in Flaschen füllen und pasteurisieren (siehe Hollerblütensaft oben). Die übrig gebliebenen Früchte nicht wegwerfen, sie sind ein schmackhafter Begleiter, z. B. für den Kaiserschmarren.

Tipp: Den Saft mit perlendem Mineralwasser spritzen, wer mag kann Minzblätter in die Gläser geben.

Hollerblütensirup

Für ca. 2,4 l: 2 l Wasser / 2 kg Rohrzucker / 50 g Zitronensäure / Blüten von 25 voll aufgeblühten Holunderrispen / 4 Bio-Zitronen, in dünnen Scheiben

Wasser mit Zucker aufkochen und so lange rühren, bis sich der Zucker aufgelöst hat. Zitronensäure, Holunderblüten und Zitronenscheiben zugeben. Zugedeckt etwa 24 Stunden ziehen lassen. Sirup durch ein feines Tuch filtern und in Flaschen füllen.

Exotische Hollerlimonade

Für 2,5 l: Saft von 10 Limetten / 6 cm Ingwer, geschält, gerieben / 2 EL brauner Rohrzucker / 2 Bio-Zitronen und 2 Bio-Orangen, halbiert, in Scheiben / 2 EL Holundersirup (siehe Seite 53) / 2 l kühles Mineralwasser

Limettensaft in eine große Glaskaraffe gegeben. Ingwer und Zucker hineinrühren. Zitronen- und Orangenscheiben in die Karaffe geben. Den Holundersirup vorsichtig unterrühren, mit Mineralwasser auffüllen.

Holunderblüten-Aromawasser

Für 1,5 l: Saft von 1 Zitrone / 3 cm frischer Bio-Ingwer / 1,5 l Wasser / 20 aufgeblühte Holunderrispen

Zitronensaft, Ingwer und Wasser in einem Topf mischen und die Blüten darin versenken, sie sollen jedenfalls gut bedeckt sein. Zumindest über Nacht im Kühlschrank zugedeckt ruhen lassen. Intensiver schmeckt das Wasser, wenn Sie 24 Stunden auf den Genuss warten. Durch ein dünnes Tuch abseihen, die Blüten dabei gut ausdrücken.
Info: Das Holunderblüten-Aromawasser ist relativ mild im Geschmack, d. h. nicht vergleichbar mit Sirup.

Holunderblüten-Birnen-Aromawasser

Für 2 l: 4 Beutel roter Früchtetee / 1,5 l Wasser / 2 Bio-Birnen, entkernt, in dünnen Scheiben / 2 Bio-Zitronen, in dünnen Scheiben / 250 g Holunderblüten ohne Stängel / 150 ml Kirschsaft

Das Wasser aufkochen, die Teebeutel hineinhängen und mindestens 8 Minuten ziehen lassen. Beutel entfernen. Birnen- und Zitronenscheiben sowie Holunderblüten im Wasser versenken. Traubensaft zufügen, kurz durchrühren und 2–3 Stunden im Kühlschrank ruhen lassen, dann abseihen.

Erdbeer-Holunder-Smoothie

Für 3 Gläser: 2 EL Holundersirup (siehe Seite 53) / 2 Msp. Safranfäden / 70 ml frischer Zitronensaft / 500 g Erdbeeren / 1/8 l Wasser

Holundersirup mit Safranfäden und Zitronensaft erwärmen, vom Herd ziehen und 10 Minuten ziehen lassen. Erdbeeren mit diesem Saft marinieren und mit dem Wasser im Blender zu einem Smoothie mixen.

Johanniskraut – der Lichtbringer

Hypericum perforatum L.

Schon Paracelsus und Pfarrer Kneipp beschrieben die fast weltweit verbreitete Pflanze mit ihren sternförmigen goldgelben Blüten. Wie interessant das Kraut ist, zeigt der britische Wissenschaftler Norman Robson: Er erstellte in 35 Jahren Forschertätigkeit ein Handbuch über die 490 Arten des Johanniskrauts, wovon er selbst 80 entdeckte. Für medizinische Zwecke wird allerdings nur das Hypericum perforatum genützt.

In Natur und Garten

Das ein- bis mehrjährige Johanniskraut ist sonnenhungrig und kommt mit kargen Böden wie Brachflächen und Wegesrändern zurecht. Es hat einen zweikantigen Stängel, wenn man die Blätter gegen das Licht hält, sehen sie wegen der Öldrüsen perforiert aus. Zerreibt man die gelben, schalenartigen Blüten mit ihren 5 Blütenblättern, werden sie dunkelrot. Das Johanniskraut ist ein schöner Blickfang, extrem anspruchslos und sollte in keinem Kräutergarten fehlen. Die Blüten erntet man mit der Schere – und am besten mit Handschuhen, denn Blütenstaub und zerquetschte Blütenblätter färben Nägel und Haut rot.

Inhaltsstoffe

Hypericin, Phloroglucinderivate, z. B. das antibiotisch wirkende Hyperforin, Flavonoide, Gerbstoffe, Biflavonoide, Xanthone, geringfügig ätherische Öle

Wirkung und Anwendung

Die auch von der Schulmedizin anerkannte Pflanze wird innerlich und äußerlich angewendet und zeigt eine breite Heilwirkung. Seit dem Mittelalter gilt sie als Sonnenfänger, der die Seele zum Strahlen bringt und damit bei Depressionen und depressiven Verstimmungen, Schlaflosigkeit, Migräne und Nervosität hilft.

Schnell gemacht: Johanniskrauttee

1 TL Johanniskraut mit 250 ml kochendem Wasser übergießen und 5–7 Minuten ziehen lassen, dann abseihen.

Verwendbare Teile:

Blüten, Kraut

Sammelzeit:

Kraut: Mitte Mai bis August
Blüten:
ca. ab Mitte Juni
bis September

Familie:

Johanniskrautgewächse

Haltbarmachen:

trocknen

Beeren-Joghurt-Smoothie mit Johanniskraut

Für 4 Gläser: 250 g Himbeeren / 250 g Brombeeren / 125 g Heidelbeeren / 200 ml ungesüßter Granatapfelsaft / 200 g Joghurt / 1 Handvoll frische Johanniskrautblüten / 2 TL Grenadinesirup / Wasser nach Bedarf

Alle Zutaten in einen Blender (Standmixer) geben und zu einem Smoothie mixen.

Johannistrunk mit Früchten

Für 2 Gläser: 80 g tiefgekühlte oder 100 g frische Himbeeren / 1 EL Johanniskrautblüten / 350 ml Ananassaft / Mineralwasser nach Geschmack

Früchte, Saft und Johanniskrautblüten in einen Blender geben und gut durchmixen. Im Kühlschrank auf die gewünschte Temperatur bringen. Mit kaltem Mineralwasser nach Geschmack aufspritzen.

Flüssiger Sonnenschein

Für 2 l: 2 l Wasser / 20–30 frische Johanniskrautblüten (keine Stängel und Blätter) / 2 Bio-Zitronen, in schmalen Schnitzen

Wasser zum Kochen bringen, die Blüten in den Topf geben und umrühren. 5 Minuten ziehen lassen, die Blüten abseihen oder herausfischen. Tee in ein großes Glas mit weitem Hals füllen, noch besser in einen Getränkespender mit Frucht-Infuser (Einsatz). Zitronen zugeben oder ebenfalls in den Frucht-Infuser füllen. Im Kühlschrank auf die gewünschte Temperatur kühlen. Die Zitronen nach 1 Stunde entfernen, sonst ist der Zitrusgeschmack zu intensiv.

Gute-Laune-Limo

Für ca. 2 l: 1 kleine Handvoll frische Johanniskrautblüten / 1 Bio-Zitrone, in Vierteln / 2 EL Holundersirup (siehe Seite 53) / 1 l Apfelsaft / 1 l Sodawasser

Johanniskrautblüten mit Zitronenvierteln und Holundersirup in einen Krug oder Topf geben und mit Hilfe eines Kartoffelstampfers zerstampfen, bis der Zitronensaft austritt und sich mit Holundersirup und Kräutern vermengt. Apfelsaft dazugießen und alles verrühren. 12–24 Stunden bei Zimmertemperatur ziehen lassen. Abseihen und mit Sodawasser verdünnen.

Lavendel – die beruhigende Duft-Queen

Lavendula officinalis L.

Julius Caesar soll nach einem anstrengenden Tag in Lavendel gebadet haben, Hildegard von Bingen schätzte die vielseitige Pflanze vor allem, weil sie „kreisende Gedanken" klären könne. Wie neueste Forschungen an der Universität Kagoshima in Japan zeigen, ist Lavendel eine gute Alternative zum Seelentröster Johanniskraut.

In Natur und Garten

Der Lippenblütler mag es trocken und sonnig und gedeiht am besten in kalkhaltigen und eher mageren Böden. Als Wildpflanze ist er im Mittelmeerraum zu finden, kultiviert wird er vor allem auf den Lavendelfeldern der Provence. Die schöne und beliebte Zierpflanze ist in vielen Gärten zu finden, sie gedeiht nahezu an jedem Standort. Wichtig ist der radikale Rückschnitt nach der Blüte, denn dann verholzt der Lavendel nicht so schnell. Unter Rosen gesetzt, schützt er diese vor Läusen (auf der Fensterbank hält er Mücken fern).

Verwendbare Teile:
Kraut, Blüten

Sammelzeit:
Mai, Juni

Familie:
Lippenblütler

Haltbarmachen:
trocknen

Inhaltsstoffe

Kumarine, ätherische Öle, Gerbstoffe, Flavonoide, Pytosterole, Saponine

Wirkung und Anwendung

Lavendel ist hilfreich bei Schlafstörungen, nervöser Anspannung, innerer Unruhe, kreisenden Gedanken, Magen- und Darmbeschwerden sowie Kopfschmerzen. 1 Tropfen Lavendelöl hilft bei Insektenstichen. Der Lavendel schmeckt auch vorzüglich.

Schnell gemacht: Lavendel-Verjus

3 blühende Zweige in eine 1-l-Flasche Verjus stecken und 2 Wochen ziehen lassen. Schmeckt mit Mineralwasser aufgespritzt wunderbar mediterran.

Lavendelwasser

Für 1 l: 1 l Mineralwasser / 4 Lavendelzweige / 1 Bio-Zitrone, in Scheiben / Eiswürfel nach Geschmack

Alle Zutaten außer dem Eis in eine Karaffe geben und rund 2 Stunden ziehen lassen. Mit Eiswürfeln servieren oder für mindestens 10 Minuten in den Kühlschrank stellen.

Lavendelessig

Für 750 ml: Blüten von 20 Lavendelzweigen / 750 ml guter Weißweinessig

Blüten und Essig in einer verschlossenen Flasche 3 Wochen ziehen lassen. Abfiltern und in eine saubere Flasche füllen.
Tipp: Den Essig 1:10 mit prickelndem Mineralwasser mischen, das ergibt den perfekten Sommerdrink.

Blauer Kokoswassertraum

Für ca. 1,4 l: 2 TL frische oder 3 g getrocknete Lavendelblüten / 400 g Ananas, in Stücken / 1 l Kokoswasser

Lavendelblüten und Ananas in einem Blender kurz aufmixen, dann langsam das Kokoswasser zufügen. Etwa 1 Minute auf höchster Stufe mixen.

Lavendel-Pfirsich-Smoothie

Für 3 Gläser: 4 Bio-Pfirsiche, in Stücken / Blüten von 15–20 Lavendelzweigen / 1 Becher Joghurt / 250 ml Mandelmilch / 5 Eiswürfel / 1 EL Rohzucker oder etwas Stevia

Alle Zutaten in Blender geben und mixen, bis der Smoothie eine sämige Konsistenz hat.

Lavendelsirup

Für ca. 1,2 l: 1 kg Zucker / 2 Bio-Zitronen, in Scheiben / 15 voll aufgeblühte Lavendelzweige / 1 l lauwarmes Wasser

Alle Zutaten in einen großen Topf geben. 4 Stunden ziehen lassen, gelegentlich umrühren. Dann aufkochen und rund 10 Minuten sanft köcheln lassen. Abseihen und den Lavendelsirup noch heiß in Flaschen füllen.

Löwenzahn – die gelbe Zauberpflanze

Taraxacum officinale L.

Der Löwenzahn ist eine Urzeitpflanze, die sich in der Eis- und Zwischeneiszeit von Asien bis nach Europa verbreitet hat. Der Name wird von den Zacken der Blätter abgeleitet, die den Zähnen des Löwen ähneln. Oft wird die Pflanze Kuh- oder Butterblume (im Volksmund auch Milchbleaml) genannt, weil die gelben Blüten Milch entsprechend färben. Verblüht die Blume, entstehen kleine Schirmchen – der Löwenzahn wird zur Pusteblume.

In Natur und Garten

Der Korbblütler wächst auf Wiesen, an Wald- und Wegesrändern und auf Lichtungen. Übervolle Blüten zeigen, dass der Boden überdüngt ist – und die Pflanze kein Gaumenschmaus. Achtung: Beim Sammeln nicht den Stängel anschneiden, der Milchsaft hinterlässt auf der Kleidung Flecken. Am besten die Blätter und gelben Blüten mit einer Schere abschneiden. Der Löwenzahn ist als Unkraut verschrieen, verdient aber eine Chance. Wird der Rasen nicht mit Unkrautvernichter behandelt, kann die Pflanze verwendet werden.

Inhaltsstoffe

Vitamine A, B, C und D, Kalium, Zink, Eisen, Kalzium, Inulin, Carotinoide, die Wurzeln vor allem Bitter- und Schleimstoffe

Wirkung und Anwendung

Der Löwenzahn regt die Gallen-, Leber- und Nierentätigkeit an. Es gibt Löwenzahnwurzeln mit Kraut oder Blättern zu kaufen. Letztere eignen sich gut für vitalisierende Frühjahrskuren, wirken bei leichter Verstopfung, Leber- und Gallenbeschwerden, Akne, Hautleiden und Ekzemen sowie bei Blähungen und Völlegefühl. Sie lindern Allergien, unterstützen die Gedächtnisleistung und wirken bei rheumatischen Beschwerden.

Schnell gemacht: Löwenzahntee

1 TL Löwenzahnkraut mit Wurzel mit 200 ml kochendem Wasser übergießen und 5–7 Minuten ziehen lassen, dann abseihen.

Verwendbare Teile:

Blüten, Blätter, Wurzel

Sammelzeit:

Blüten: März, April
Blätter und Wurzeln: Frühjahr bis Herbst

Familie:

Korbblütler

Haltbarmachen:

trocknen

Löwenzahnblütensirup

Für ca. 1,2 l: 1 l Wasser / 1 kg Zucker / 1 kleine Handvoll Löwenzahnblüten (mit einer Schere knapp über dem Stängel abgeschnitten)

Wasser erhitzen, Zucker im heißem Wasser auflösen und aufkochen, bis die Lösung klar ist. Über die Blüten gießen und 24 Stunden kühl stellen. Dann durch ein feines Sieb abseihen. Den Sirup in einem großen Topf aufkochen und unter Rühren 5 Minuten leicht kochen. Sirup vom Herd nehmen und sofort in heiß ausgespülte Flaschen füllen, gut verschließen und kühl lagern.

Löwenzahn-Zitronen-Sirup

Für ca. 850 ml: 1 kleine Handvoll Löwenzahnblüten (siehe oben) / etwa 750 ml Wasser / 2 große oder 3 kleine Bio-Zitronen, in Scheiben / 750 g Zucker

Löwenzahnblüten in einen Topf geben und so viel Wasser zugeben, dass die Blüten leicht bedeckt sind. Zitronenscheiben auf die Blüten legen. Alles langsam aufkochen und bei mittlerer Hitze etwa 10 Minuten köcheln lassen. Vom Herd nehmen und 12 Stunden ziehen lassen. Blüten und Zitronen durch ein Stofftuch abseihen. Den gewonnen Saft mit Zucker aufkochen und noch heiß in saubere Flaschen füllen.
Tipp: Kocht man den Saft mit Gelierzucker ein, entsteht ein Gelee, das ein wunderbarer Frühstücksaufstrich zu hellem Brot ist.

Löwenzahnblütenlimo

Für 2 l: 2 Handvoll Löwenzahnblüten (siehe oben) / Saft von 2 Zitronen / 2 EL Zucker / 2 l Mineralwasser

Die Löwenzahnblüten mit Zitronensaft begießen und 2 Tage an einem kühlen Ort stehen lassen. Abseihen, Zucker zugeben und gut umrühren. In einen großen Krug geben und mit Mineralwasser auffüllen, umrühren.

Wildpark
Collection
Löwenzahn-Blüten-Sirup

Löwenzahn-Vitamintrunk

Für 3–4 Gläser: 5 Löwenzahnblätter / 3 Bio-Äpfel, entkernt, in Stücken / 3 Orangen, in Stücken / ca. 500 ml naturtrüber Apfelsaft / 1 TL Honig

Löwenzahnblätter, Äpfel und Orangen im Blender (Standmixer) mixen. Mit Apfelsaft nach Belieben auffüllen. Mit Honig süßen und nochmals aufmixen.

Löwenzahn-Smoothie

Für 2 Gläser: 5 Löwenzahnblüten (mit einer Schere knapp über dem Stängel abgeschnitten) / 5 Löwenzahnblätter / 1 Banane, in Stücken / 200 g tiefgekühlte Him- oder Waldbeeren / 1 Kiwi, geschält, in Stücken / 1 kleines Stück Ingwer, geschält, grob gerieben / Wasser oder Eiswürfel nach Geschmack

Alles in einen Blender geben und zu einem Smoothie mixen.

Würziger Löwenzahn-Smoothie

Für 3–4 Gläser: 30 zarte, kleine Löwenzahnblätter, grob geschnitten / 10 Löwenzahnblüten (siehe oben) / 4 Blätter Knoblauchsrauke oder Bärlauch, grob geschnitten / 1 großes Kopfsalatherz, grob geschnitten / 1–2 EL milder Sherryessig / 1–2 TL Estragonsenf / 500 g cremiger Joghurt oder Skyr / 250 ml Wasser

Sämtliche Zutaten im Blender zu einem cremigen Smoothie mixen.
Ist der Mix zu dickflüssig, noch etwas Wasser zufügen.

Mädesüß –
die Wiesenkönigin

Bereits in der Eisenzeit nützen keltischen Druiden Mädesüß als heiliges Kraut. Die Pflanze, nach einem alten Namen auch Waldbart genannt, wirkt als natürliches Schmerzmittel. Früher streute man die cremeweißen Blütenbüschel auf den Boden, um Flöhe und anderes Ungeziefer zu vertreiben, flocht es in Hochzeitskränze und steckte es als Würzkraut in Met und Wein. Geschmacklich erinnert Mädesüß an Mandeln.

Filipendula ulmaria L.

In Natur und Garten

Das Rosengewächs ist in ganz Europa heimisch, aber auch in Asien und Nordamerika verbreitet. Die mehrjährige Pflanze bevorzugt feuchte Standorte wie Ufer, Feuchtwiesen, Gräben, Erlen- und Eschenwälder und verströmt dort ihren einzigartigen Vanille-Mandel-Duft. Mädesüß ist ein Blickfang an Teichrändern. Solange es gut bewässert ist, wächst es aber auch in nährstoffreichen Böden. Mädesüß vermehrt sich von ganz allein.

Inhaltsstoffe

Salicylate, Flavonoide, Gerbsäuren, ätherische Öle

Wirkung und Anwendung

Mädesüß wirkt schmerzlindernd, antimikrobiell, fiebersenkend, schweißtreibend und entzündungshemmend. Sehr empfohlen wird es bei Erkältungskrankheiten und Verdauungsbeschwerden, es verringert die Übersäuerung des Körpers, ist harntreibend und kommt bei Nieren- und Blasenleiden sowie Rheuma und Gicht zur Anwendung. Hinweis: Wer Salicylsäure, also u. a. Aspirin nicht verträgt, sollte Mädesüß nicht zu sich nehmen.

Schnell gemacht: Tee gegen Erkältung und Kopfweh

1 TL Mädesüßblüten und 5 Melissenblätter mit 200 ml kochendem Wasser übergießen. 5 Minuten zugedeckt ziehen lassen, dann abseihen. Bei Bedarf 1 Tasse trinken.

Verwendbare Teile:
Blüten und Blätter

Sammelzeit:
Juni bis August

Familie:
Rosengewächse

Haltbarmachen:
trocknen

Mädesüßmilch

Für 3 Gläser: 5 Blütenrispen Mädesüß / 2 Bananen, in Stücken / 500 ml Mandelmilch / etwas Stevia / 1 Prise Zimt

Blüten von den Rispen zupfen. Alle Zutaten außer Stevia und Zimt in einen Blender (Standmixer) geben und mixen. Nach Geschmack mit Stevia und nicht zu viel Zimt würzen.

Mädesüßsirup

Für ca. 1,2 l: 1 l Wasser / 1 kg Zucker / Saft und Zesten von 4 Bio-Zitronen / 6 Blütenrispen Mädesüß

Wasser mit Zucker aufkochen, bis die Lösung klar ist. Zitronensaft und -zesten sowie die Blüten untermischen. Den Topf an einen kühlen Ort stellen und 3 Tage rasten lassen, zwischendurch umrühren. In Flaschen abseihen und kühl stellen, der Sirup hält etwa 1 Jahr.

Orangen-Mädesüß-Sirup

Für ca. 1,7 l: 1 l Wasser / 1 kg Zucker / Saft von 2 Zitronen / 3 Bio-Orangen, in Scheiben, oder 500 ml Orangensaft / 4–6 Blütenrispen Mädesüß

Wasser mit Zucker aufkochen und so lange rühren, bis sich der Zucker aufgelöst hat. Zitronensaft, Orangen bzw. Orangensaft und Blüten untermischen. Zugedeckt an einem kühlen Ort über Nacht ziehen lassen. Sirup durch ein feines Tuch filtern und in Flaschen füllen.

Granatapfellimo mit Mädesüß

Für 1 l: Saft von 3 Limetten / 3 EL Granatapfelsirup / 200 ml Granatapfelsaft / 4–6 Blütenrispen Mädesüß / 800 ml prickelndes Mineralwasser

Alle Zutaten, außer dem Mineralwasser, in einer Karaffe mischen, dann mit Mineralwasser auffüllen. Mindestens 4 Stunden im Kühlschrank ziehen lassen.
Tipp: Gläser mit Eiswürfeln nach Geschmack füllen, Limonade zugeben und mit je 1 Pfefferminzblatt und ein paar Granatapfelkernen servieren.

ml 500
400
300
200
100
1 Pint
3/4
1/2
1/4

Ingwer-Karotten-Orangen-Drink

Für 4–5 Gläser: 6 Bio-Orangen / 350 g Karotten, geschält, in groben Stücken / 6 Blütenrispen Mädesüß / 1 TL Leinöl / 350 ml Kokosmilch / 1,5 TL Ingwer, geschält, fein gerieben / Honig nach Geschmack

Zesten von 1 Orange abreiben, Orangen auspressen. Alle Zutaten in einen Blender (Standmixer) geben und gut mixen.

Gewürz-Mandel-Smoothie

Für 2 kleine Gläser: 300 ml Mandelmilch / 6 Blütenrispen Mädesüß / 1 TL Kurkumapulver / je 1 Msp. schwarzer Pfeffer, Kardamonpulver und Ingwerpulver / 1 TL Machapulver / 100 ml Kokosöl

Alle Zutaten in einen Blender geben und zu einem Smoothie mixen.

Sweet Smoothie

Für 2 Gläser: 5 Blütenrispen Mädesüß / Blätter von 1 Stängel Ananasminze / 20 Blätter Zitronenverbene / 1 Bio-Apfel, entkernt, in Stücken / 2 Bananen, in Stücken / 200 ml Wasser / 1 Handvoll Crushed Ice

Mädesüßblüten von den Rispen zupfen. Alle Zutaten in einen Blender geben und zu einem sämigen Smoothie mixen.

Mariendistel – der natürliche Leberschutz

Seit mehr als 2.000 Jahren ist die Mariendistel als Heilkraut bekannt, Paracelsus empfahl sie gegen „inneres Stechen". Im 18. Jahrhundert entdeckte der deutsche Arzt Johann Rademacher ihre Wirkung auf die Leber – erst später erkannte man, dass der Hauptwirkstoff in den Samen steckt. Heute werden aus den Samen Tabletten hergestellt oder sie werden im Mörser zerquetscht und für Teeaufgüsse verwendet.

Silybum marianum L.

In Natur und Garten

Die wild wachsende Mariendistel mit ihren stacheligen Blättern und lila Blüten wird etwa 80 cm hoch. Sie liebt Wegränder, Viehweiden und steinige Halden, fand aber schon im Mittelalter Eingang in Klostergärten. Heute baut man sie in großem Umfang z. B. im österreichischen Waldviertel oder an der deutschen Ostsee an. Gekauft werden kann die Mariendistel in Apotheken, Drogerien und Reformhäusern. Die Sonnenliebhaberin passt ganz gut in eine Mischkultur im Gemüsebeet.

Inhaltsstoffe

Silymarin, ätherische Öle, Vitamin E, Sterole, Fumarssäure, Polyacetylene, Flavonoide

Wirkung und Anwendung

Das in der Mariendistel enthaltene Silymarin schützt die Leber vor Giften und aktiviert die Bildung neuer Leberzellen, sorgt für einen ausgewogenen Hormonhaushalt und hat einen Anti-Aging-Effekt. Die Mariendistel gilt grundsätzlich als gutes Mittel gegen Leber- und Gallenbeschwerden. Vitamin E wirkt zusätzlich gegen freie Radikale.

Schnell gemacht: Mariendisteltee

1 gehäuften TL getrocknete Mariendistelsamen im Mörser zerkleinern und mit kochendem Wasser übergießen, nach 5–7 Minuten abseihen. 3–4 x täglich etwa 1/2 Stunde vor dem Essen 1 Tasse frischen Tee trinken, das schützt den Magen.

Verwendbare Teile:
Samen

Sammelzeit:
September, Oktober

Familie:
Korbblütler

Haltbarmachen:
trocknen (nicht über 40 °C)

Stoffwechsel-Smoothie

Für 4 Gläser: 250 g Erdbeeren / 250 g Heidelbeeren / 250 ml Hafermilch / 1 EL getrocknete Mariendistelsamen / 1 Msp. Kurkumapulver / 2 cm Ingwer, geschält, grob gerieben / 200 ml Wasser

Alle Zutaten in einen Blender (Standmixer) geben und einige Minuten lang fein pürieren. In Gläser füllen und frisch genießen.

Ananas-Apfel-Smoothie

Für 3 Gläser: 1 TL frische Mariendistelsamen / Saft von 1 Zitrone / 250 g frische Ananas, in Stücken, oder 250 ml Ananassaft / 500 ml Apfelsaft / Wasser nach Geschmack

Mariendistelsamen im Mörser anquetschen, mit Zitronen- und Ananasstücken bzw. -saft in einen Blender geben und gut mixen. Apfelsaft dazugeben und nochmals mixen. Für die gewünschte Konsistenz eventuell mit Wasser aufgießen.

Mariendistel-Melissen-Trunk

Für 1–2 Gläser: 1 EL getrocknete Mariendistelsamen / 1 Handvoll Melissenblätter, grob geschnitten / 1 Bio-Birne, entkernt, in Stücken / 1 Banane, in Stücken / 1 Spritzer Limettensaft / 1 TL Honig (optional) / Wasser nach Geschmack

Samen im Mörser quetschen, mit den übrigen Zutaten außer dem Wasser in einen Blender geben und gut mixen. Mit Wasser nach Geschmack auffüllen und nochmals gut mixen.

Leberwohl-Drink

Für 2 Gläser: 1 EL getrocknete Mariendistelsamen / 200 ml Karottensaft / 1 Handvoll Brokkoliröschen / 1 Handvoll Crushed Ice

Die Samen in den Karottensaft geben und über Nacht stehen lassen. Dann alle Zutaten in den Blender geben und zu einem sämigen Smoothie mixen.
Tipp: Wer mag, kann statt des Brokkolis bereits vorgekochte Rote Beten (Rote Rüben) in den Smoothie geben. Auch das schmeckt Gaumen und Leber.

Melisse – die beliebte Herzstärkerin

Melissa officinalis L.

Verwendbare Teile:
Blätter, blühendes Kraut

Sammelzeit:
Blätter: Mai, Juni
Kraut: Juni bis August

Familie:
Melissen

Haltbarmachen:
trocknen (nicht über 30 °C), einfrieren

Schon Paracelsus nannte die Melisse Lebenselexier und Hildegard von Bingen pries sie als Mittel, das „das Herz freudig macht". Wegen ihres charakteristischen Duftes wird sie auch Zitronenmelisse genannt. Sie begeistert als Küchengewürz und Zutat im Melissengeist. Ihre kleinen weißen Blüten stecken voller Nektar, deshalb sind sie bei Bienen sehr beliebt – und daher auch der botanische Name „Melissa" (griechisch für Biene).

In Natur und Garten

Der etwa 80 cm hohe Lippenblütler mit den herzförmigen Blättern stammt aus dem östlichen Mittelmeerraum, wird aber heute überall in den gemäßigten und warmen Zonen Europas angebaut. Er mag nährstoffreiche Böden und Sonne. Die mehrjährige Pflanze ist genügsam und stellt keine großen Ansprüche. Sie ist eine hervorragende Bienenweide. Die Zitronenmelisse eignet sich nicht gut fürs Trocknen, man friert sie besser ein (probieren Sie auch die weiße Melisse – sie behält beim Trocknen ihr Aroma).

Inhaltsstoffe

Triterpene, Flavonoide, Gerbstoffe, ätherische Öle mit den Bestandteilen Citronella, Citral, Citronellol, Geraniol, Linalool, Caryophyllen

Wirkung und Anwendung

Die Melisse wirkt sowohl anregend als auch beruhigend auf das Nervensystem, sie ist antibakteriell, antiviral, krampflösend und verdauungsfördernd. Das Kraut wird gegen depressive Verstimmungen, Stress, Appetitlosigkeit und Blähungen eingesetzt sowie bei Erkältungen, grippalen Infekten, Herz-, Magen- und Darmbeschwerden, Anspannung, Schlafstörungen, Reizbarkeit und Kopfschmerzen.

Zitronenmelissen-Ayran

Für 2 Gläser: 400 g griechischer Joghurt / Blätter von 4 Stängeln Zitronenmelisse / etwas Crushed Ice

Joghurt und Melissenblätter in ein hohes Gefäß geben. Mit dem Pürierstab oder im Blender (Standmixer) mixen. Gläser mit Crushed Ice auffüllen, den Joghurtdrink dazugießen.

Roter Melissen-Smoothie

Für 4 Gläser: 400 g Erd- oder Himbeeren / 1 Bio-Apfel, entkernt, in Stücken / Blätter von 4 Stängeln Zitronenmelisse / Mark von 1/2 Vanilleschote oder etwas Vanillezucker / ca. 500 ml Wasser

Alle Zutaten in einen Blender geben und fein pürieren.

Cremiger Melissen-Minz-Smoothie

Für 4 Gläser: 1 Avocado / Saft von 1 Limette / Blätter von 5 Stängeln Zitronenmelisse / je 2 Blätter Ananas- und Pfefferminze / 1/2 Honigmelone, entkernt, in Stücken / 500 ml cremiger Joghurt / etwas Wasser

Avocado teilen und von Kern und Schale befreien. In Stücke schneiden und mit Limette beträufeln. Mit den anderen Zutaten in einen Blender geben und gut mixen.

Sommertee

Für die Kräutermischung (nur getrocknete Zutaten verwenden): 15 g Orangenminze / 25 g weiße oder Zitronenmelisse / 15 g Blätter der Zitronenverbene / 15 g Königskerzenblüten / 15 g Duftrosenblüten / 5 g Kornblumenblüten 10 g Sonnenblumenblütenblätter

Für 1 Tasse Sommertee 1 TL der Kräutermischung mit kochendem Wasser übergießen und 5 Minuten zugedeckt ziehen lassen. Kräuter abseihen.

Tipp: Der Tee ist, etwas stärker zubereitet, auch ein hervorragender Eistee. Einfach über Eiswürfel in eine Schüssel leeren und auf diese Art und Weise rasch abkühlen. Mit 1 Spritzer Zitrone und Stevia ist er eine Wohltat in lauen Sommernächten.

Ingwersirup mit Melisse

Für ca. 600 ml: 3 EL Ingwer, fein gerieben, in einem gut zugebundenen Teebeutel / Saft und Zesten von 2 Bio-Zitronen / 500 ml Wasser / Blätter von 3 Stängeln Zitronenmelisse / 500 g Zucker

Ingwer, Zitronenzesten und Wasser in einen Topf geben und zum Sieden bringen. Vom Herd nehmen, die Melissenblätter zugeben und 20 Minuten ziehen lassen. Saft in einen neuen Topf seihen und mit der Hälfte des Zitronensaftes und Zucker aufkochen. Etwa 5 Minuten bei mittlerer Hitze köcheln lassen, zwischendurch immer wieder umrühren. Vom Herd nehmen, restlichen Zitronensaft zugeben. In eine Flasche füllen.
Tipp: 1 l prickelndes Mineralwasser mit 2 EL Sirup und einigen Eiswürfeln ergibt eine erfrischende Limonade. Als Deko 1 Stück Zitronenschale an den Glasrand hängen.

Würziges Melissenwasser

Für 1 l: 2 Bio-Limetten, in Scheiben / Saft von 1 Limette / 1 l Wasser / 1 Salatgurke, in Scheiben / 20 Melissenblätter / Salz und Cayennepfeffer

Alle Zutaten in eine große Karaffe geben. Mit Salz und Cayennepfeffer würzen. Mindestens 1 Stunde im Kühlschrank ziehen lassen.

Sweet Sunrise

Für 1 Glas: etwas brauner Zucker / 100 ml Blutorangensaft / 100 ml kalter Melissentee / 15 ml Granatapfelsirup / einige Granatapfelkerne

Zucker auf einen Teller leeren, ein hohes Glas mit dem Rand kurz in Wasser tauchen, abtropfen lassen, dann den Rand in den Zucker drücken. Orangensaft mit Melissentee mischen, in das Glas füllen und kurz stehen lassen, damit die Flüssigkeit zur Ruhe kommt. Dann Granatapfelsirup und die Kerne vorsichtig einfüllen – sie sind schwerer als der Orangensaft und sollen am Glasboden zu „liegen" kommen. Nicht umrühren!
Tipp: Wirklich erfrischend schmeck der Drink „on ice".
Geben Sie die Eiswürfel ganz vorsichtig vor dem Orangensaft ins Glas.

Ingwer-Birkenwasser

Für 1 l: 2 cm Ingwer, geschält, fein gerieben / 1 l Wasser / 1 Handvoll Melissenblätter / 50 ml Birkenwasser (kein Konzentrat, nicht verdünnt)

Ingwer mit 1/4 l Wasser und den Melissenblättern vermischen und 20 Minuten ruhen lassen. Dann in eine Flasche seihen, mit dem Birkenwasser vermischen und das restliche Wasser zugeben. Gut schütteln und kühl stellen.
***Tipp:** Birkenwasser lässt sich im Frühjahr sehr einfach von Birken „zapfen", fertiges und sehr gutes Birkenwasser gibt es mittlerweile aber auch zu kaufen. Bitte darauf achten, dass es nicht gesüßt oder aus einem Konzentrat hergestellt wurde. Denn nur ganz pur ist Birkenwasser ein ideales Power-Getränk.*

Nachtkerze – die Königin der Finsternis

Oenothera biennis L.

Die Nachtkerze stammt ursprünglich aus Nordamerika. Im 16. Jahrhundert erreichten die ersten Samen als „blinde Passagiere" Europa. Zunächst wurde die Nachtkerze nur als Zierpflanze bestaunt, 1649 entdeckte der britische Arzt Nicholas Culpeper ihre therapeutische Wirkung bei Frauenleiden und Wunden.

In Natur und Garten

Die krautige Pflanze wächst gerne auf trockenen, steinigen Böschungen, Bahndämmen und Steinbrüchen. Erst im zweiten Jahr bildet sich ein kräftiger, bis 150 cm hoher Blütenstängel mit einer Traube an der Spitze und mit bis zu 5 cm großen Blütenknospen. Kurz vor der Dämmerung öffnen sich in wenigen Minuten die strahlend gelben Blüten und verströmen einen Vanilleduft, der Falter anlockt. Kultivieren Sie die Nachtkerze auf trockenen, tiefgründigen, sandigen Böden, die Wurzel wird bis zu 30 cm lang. Die reifen Samen sind ab September zu ernten.

Verwendbare Teile:

Blüten und Samen

Sammelzeit:

Blüten: Sommer

Samen: Februar bis Oktober

Familie:

Nachtkerzengewächse

Haltbarmachen:

trocknen

Inhaltsstoffe

Die Nachtkerze ist reich an Eiweiß, fettem Öl mit mehrfach ungesättigten Fettsäuren, Gerbstoffen, Lignin, Gamma-Linolsäure, Ölsäure und Stärke.

Wirkung und Anwendung

Aus den Samen der Nachtkerze wird hochwertiges Öl mit der wertvollen Gamma-Linolsäure gewonnen. Für 1 g werden 20.000 Samen benötigt – eine Blume enthält etwa 200 der schwarzbraunen, 1–2 mm großen Körner. Die Nachtkerze wird in der Hautpflege – vor allem gegen Neurodermitis – angewandt.

Schnell gemacht: Nachtkerzentee

1 TL frische oder getrocknete Nachtkerzenblüten und 1/2 TL frischer oder getrockneter Thymian mit 250 ml kochendem Wasser überbrühen und 5 Minuten zugedeckt ziehen lassen.

Nachtkerzensirup

Für ca. 1,2 l: 30 Nachtkerzenblüten / 3 Bio-Zitronen, in Scheiben / 1 Vanilleschote, aufgeritzt / 100 g Zitronensäure / 1 l Wasser / 1 kg Zucker

Nachtkerzenblüten in ein Einmachglas geben, Zitronenscheiben und Vanilleschote darüberlegen. Die Zitronensäure im Wasser auflösen – dieses Zitronenwasser ebenfalls ins Einmachglas füllen. Über Nacht ziehen lassen, dann durch ein Teesieb filtern. Das aromatisierte Wasser in einen Kochtopf geben, Zucker unterrühren und zu einem Sirup einkochen, in Flaschen abfüllen.

Tipp: Der leuchtend gelbe Sirup mit seinem zarten Vanillegeschmack ist – mit kaltem (Mineral-)Wasser aufgespritzt – ein herrliches Sommergetränk.

Nachtkerzenbowle ohne Alkohol

Für 2 l: 1 l kalter Nachtkerzentee (siehe linke Seite) / Saft von 1 Limette / 1/2 TL Vanillezucker / 6 Pfirsiche, ohne Haut, in mundgerechten Stücken / 1 l prickelndes Mineralwasser

In einem Bowlegefäß Nachtkerzentee mit Limettensaft und Vanillezucker mischen. Pfirsiche in den kalten Tee geben. Mindestens 1 Stunde, besser aber länger, kalt stellen. Kurz vor dem Servieren das Mineralwasser zufügen.

Tipp: 1 Eiswürfel in jedes Glas geben, mit der Bowle auffüllen, die Pfirsichstücke nicht vergessen. 1 Blatt Pfefferminze dazu und sofort servieren.

Detox-Wasser mit Nachtkerze

Für etwa 2 l: 2 l Wasser / 150 g brauner Zucker oder 1 Stängel Stevia / 10 Nachtkerzenblüten / 1 süßer Bio-Apfel, in Stücken

Alle Zutaten in einen Krug geben und im Kühlschrank mindestens 2 Stunden ziehen lassen – je länger, desto intensiver schmeckt das Detox-Wasser.

Petersilie – die vielseitige Küchenkönigin

Petroselinum crispum L.

Für die alten Griechen war die Petersilie eine heilige Pflanze, deshalb umkränzten sie die antiken Wettkampfsieger mit dem geflochtenen Grün. Heutzutage ist die Petersilie mit Abstand das beliebteste Würzmittel in der Küche, zudem ein Bestandteil des „Bouquet garni" und des Suppengrüns. Das verblüffende an der Petersilie ist, dass sie es schafft, das Aroma anderer Kräuter und Gewürze zu betonen. Immer am Ende eines Kochvorgangs zugeben, sonst ist sie nur eine grüne Deko.

In Natur und Garten

Wild wachsend findet man den Doldenblütler hauptsächlich im Mittelmeergebiet. Achtung: Verwechseln sie das Kraut nicht mit der giftigen Hundspetersilie. Die zweijährige Petersilie bevorzugt im Kräutergarten einen hellen, halbschattigen Standort mit feuchtem, tiefgründigem, humusreichem Boden.

Verwendbare Teile:
Kraut, Früchte, Wurzel

Sammelzeit:
April bis Oktober

Familie:
Doldenblütler

Haltbarmachen:
einfrieren, trocknen

Inhaltsstoffe

Ätherische Öle, Flavonoide, Chlorophyll, Vitamin A, die Vitamine B_1 bis B_6, Vitamin C, Beta-Carotine, Folsäure, Vitamin K. Außerdem ist Petersilie eine fantastische Quelle für Mineralstoffe und Spurenelemente. Sie liefert auch Kalzium, Magnesium, Phosphor, Eisen, Mangan, Kalium – und all das in bester organischer, also leicht verwertbarer Qualität.

Wirkung und Anwendung

Die Petersilie ist reich an Chlorophyll, das eine blutreinigende Wirkung hat. In der Heilkunde wird sie für zahlreiche Anwendungen empfohlen – bei Appetitlosigkeit, Mundgeruch, Frühjahrsmüdigkeit, Entwässerung, Verdauungs-, Nieren- und Blasenbeschwerden, Reizblase, Blähungen, Wechsel- und Menstruationsbeschwerden. Ihr charakteristisches Aroma erhält sie durch die ätherischen Öle, die z. B. gegen Mundgeruch helfen.

Exotischer Walnuss-Tomaten-Smoothie

Für 3 Gläser: 6 Stängel Petersilie / 500 ml Tomatensaft / 1 Handvoll Walnusskerne / 3 Stängel Ananasminze / 1/2 TL Kurkumapulver / 1/2 TL getrockneter Oregano / Salz und Pfeffer / einige Tropfen Olivenöl / 1 Schuss Wasser

Petersilienblätter abzupfen und Stängel fein schneiden. Blätter und Stängel mit den anderen Zutaten außer dem Tomatensaft in einen Blender (Standmixer) geben und gut mixen. Tomatensaft zugeben und erneut aufmixen.

Granatapfel-Aprikosen-Smoothie

Für 3–4 Gläser: 100 ml Granatapfelsaft / 6 Aprikosen (Marillen), entkernt, in Stücken / 1 Bio-Apfel, entkernt, in Stücken / 4 Stängel Petersilie, grob geschnitten / 1 frische Ananasscheibe, in Stücken / 250 ml Kirschsaft / 350 ml Wasser

Alle Zutaten in einen Blender geben, mit einem Teil des Wassers zu einer sämigen Masse mixen. Restliches Wasser zugeben, nochmals gut durchmixen.

Guten-Morgen-Smoothie

Für 2 Gläser: 1 Handvoll Petersiliengrün ohne Stängel, grob geschnitten / 300 g Wassermelone, entkernt, in Stücken / 1/8 l Wasser / einige Gänseblümchenblüten / 1/2 EL Holundersirup (siehe Seite 53)

Alle Zutaten im Blender zu einem Smoothie mixen.

Exotischer Apfel-Smoothie

Für 2–3 Gläser: 200 ml Passionsblumennektar / Blätter von 1 Bund Petersilie / 1/2 Banane, in Stücken / 3 saure Bio-Äpfel, entkernt, in Stücken / 2 getrocknete Datteln, in Stücken / 2 cm Ingwer, geschält, grob gerieben / kaltes Wasser nach Belieben

Alle Zutaten in einem Blender zu einem dicken Smoothie mixen, kaltes Wasser je nach gewünschter Konsistenz zufügen.

Belebender Petersiliensaft

Für 2 Gläser: 1 Handvoll Petersilie, grob geschnitten / 6 cm Ingwer, geschält, fein gerieben / 2 Karotten, geschält, in Stücken / 1 Bio-Apfel, entkernt, in Stücken / Saft von 1 Limette / 1 junge Selleriestange / 1 kleine Rote Bete (Rote Rübe), geschält (mit Handschuhen), in Stücken

Alle Zutaten in einen Blender geben und zu einem Saft mixen. Sollte der Saft zu dick sein, 1 Schuss Wasser zufügen und nochmals mixen.
Tipp: Rote Bete gibt es im Supermarkt fertig gekocht, geschält und vakuumiert zu kaufen – so hat man keine Arbeit und bekommt keine roten Finger.

Petersilien-Tomaten-Aromawasser

Für 1 l: 8 Bio-Cherrytomaten / 5 Stängel Petersilie / 1 l Wasser / Salz und Pfeffer

Tomaten halbieren und etwas andrücken. Mit Petersilie in einen Krug geben. Wasser dazugießen und 3–4 Stunden im Kühlschrank ruhen lassen, mit Salz und Pfeffer abschmecken.

Energy Booster

Für 1 l: Blätter von 3 Stängeln Petersilie / 10 Melissenblätter / 2–4 Basilikumblätter / Blätter von 3 Stängeln Ananasminze / 1 l Wasser

Die Kräuterblätter sanft andrücken, damit die Inhaltsstoffe leichter ins Wasser übergehen können. In ein passende Flasche geben und mit Wasser auffüllen. 3–4 Stunden zugedeckt im Kühlschrank ruhen lassen.
Tipp: Das Aromawasser sorgt für einen echten Energieschub und ist ein ideales Morgengetränk. Aus denselben Zutaten, 2 Bio-Äpfeln, 1 Kopfsalat, 1/2 Gurke und Wasser nach Geschmack lässt sich auch ein guter Smoothie mixen.

Himbeer-Balsamico-Sirup

Für ca. 800 ml: 500 g Himbeeren / 375 ml Aceto balsamico bianco / 100 g Zucker / Mark von 1/2 Vanilleschote / 5 Stängeln Petersilie / ein paar Rosmarinnadeln (optional)

Die Beeren fein passieren und durch ein Sieb streichen. Essig und Zucker aufkochen und bei mittlerer Hitze 6–8 Minuten zu einem Sirup einkochen. Himbeerpüree, Vanillemark, Petersilie und Rosmarin einrühren und 3–4 Minuten weiterköcheln. Dann 10 Minuten ohne Hitze ziehen lassen. Sirup abseihen und heiß in Flaschen füllen.
Tipp: Mit Wasser oder Mineralwasser spritzen und mit frischen Himbeeren, Zitrone und Minze im Glas servieren.

Pfefferminze – die Erfrischende

Mentha piperita L.

Verwendbare Teile:
Blätter, Kraut

Sammelzeit:
Juni bis September

Familie:
Lippenblütler

Haltbarmachen:
trocknen

Der Sage nach versuchte der griechische Gott der Unterwelt, Hades, die Nymphe Minthe zu verführen, Fruchtbarkeitsgöttin Persephone verwandelte diese zu ihrem Schutz aber in ein duftendes Kraut. Carl von Linné klassifizierte die Pfefferminze erstmals 1722 als Mentha piperita.

In Natur und Garten

Der Lippenblütler ist das Ergebnis einer zufälligen Kreuzung der Wasserminze (Mentha aquatica) und der Ährenminze (Mentha spicata) und stammt aus England. In der freien Natur ist sie bei uns nicht anzutreffen. Die Pfefferminze (Mentha piperita) ist eine der beliebtesten Minzen – probieren Sie die englische Mitcham Mint, sie schmeckt am besten. Aber auch fruchtige Sorten wie Apfel-, Ananas-, Zitronen-, Schoko-, Erdbeer oder Mojitominze werden sehr geschätzt. Die pflegeleichten Minzen lieben mäßig feuchte Böden und stehen gerne sonnig bis halbschattig. Die Blätter der bis zu 70 cm hohen Stauden sind hell- bis violettgrün.

Inhaltsstoffe

Die Pfefferminze enthält ätherisches Öl (Menthol, des weiteren Menthon, Pulegon, Menthyacetat und Lamiaceen), Gerbstoffe sowie Triterpene, Flavonoide (unterstützen die Wirkung des Menthols). Viele andere Minzsorten, vor allem die sogenannten Fruchtminzen, enthalten wesentlich weniger Menthol.

Wirkung und Anwendung

Die Pfefferminze steigert die Produktion des Gallensekrets und lindert krampfartige Beschwerden im Magen- und Darmbereich. Sie hat eine bakterientötende Wirkung und hilft bei Erkältungen, Husten, Bronchitis und Atemwegsproblemen. Gegen krampfartige Bauch- und Magenschmerzen hat sich diese Teemischung bewährt: Zu gleichen Teilen Pfefferminze, Fenchelsamen und Melisse mischen. Je ein 1 TL der Teemischung mit 250 ml kochendem Wasser aufgießen, 5–6 Minuten ziehen lassen, abseihen. 2–3 Tassen über den Tag verteilt trinken.

Alkoholfreie Erdbeerbowle

Für ca. 3 l: 2 kg Erdbeeren / je 5 Blätter Melisse und Pfefferminze / 500 ml naturtrüber Apfelsaft / 2–3 EL Rohrzucker / 1 l prickelndes Mineralwasser

1 kg Erdbeeren mit Minz- und Melissenblättern im Blender zu einem Püree mixen. In ein Bowlegefäß füllen, Apfelsaft und Zucker untermischen. 2 Stunden im Kühlschrank durchziehen lassen. Die restlichen Erdbeeren in kleine Stücke schneiden und zur Bowle geben. Kurz vor dem Servieren das kalte Mineralwasser in das Bowlegefäß füllen.

Virgin Mojito

Für 1 Glas: Blätter von 3 Minzstängeln (am besten Erdbeer- oder Cocktailminze) / Saft von 1 Limette / 1–2 EL brauner Zucker / 1 TL Holundersirup (siehe Seite 53) / etwas Crushed Ice / 200 ml stilles Mineralwasser oder Ginger Ale

Minzblätter, Limettensaft und Zucker in ein hohes Glas geben. Die Minzblätter mit einem Holzstößel gut zerdrücken, bis die Minze stark zu duften beginnt. Holundersirup dazugeben, umrühren. Crushed Ice ins Glas geben, mit Mineralwasser oder Ginger Ale auffüllen und erneut umrühren.

Hugo vierge

Für 2 Gläser: Blätter von 4 Stängeln Marokkanischer Minze (mittlerweile auch Hugo-Minze genannt) / 4 cl Holundersirup (siehe Seite 53) / Saft 1 Bio-Limette / etwas Crushed Ice / 400 ml Mineralwasser oder Tonic Water

Minzblätter mit einem Holzstößel zerquetschen, Holundersirup und Limettensaft zugeben und verrühren. Durch ein Teesieb filtern, die Minzblätter nicht wegwerfen. Eis in 2 Gläser füllen, die Minzblätter und den Saft darauf verteilen. Mit Mineralwasser oder Tonic Water auffüllen.
Tipp: Mit Limettenspalten garniert servieren.

Heidelbeer-Minze-Cocktail

Für 2 Gläser: 10 Minzblätter (am besten Erdbeer-, Ananas- oder Cocktailminze) / 250 ml Heidelbeersaft / Saft von 2 Limetten / 2 TL Kokosblüten- oder Rohrzucker bzw. Stevia / 200 ml Mineralwasser / etwas Crushed Ice

Minzblätter, Heidelbeer- und Limettensaft sowie Zucker in einen Krug geben. Mit einem Holzstößel zerdrücken, dann mit Mineralwasser und Eis auffüllen und umrühren.

Pfefferminz-Aromawasser

Für 1 l: 3 frische Pfefferminzstängel / 1 Bio-Zitrone oder Bio-Limette, in Scheiben / 500 ml stilles Wasser / 500 ml prickelndes Mineralwasser

Minze und Zitronenstücke in eine Karaffe geben, stilles Wasser einfüllen (die Stiele müssen zur Gänze mit Wasser bedeckt sein). Zudecken und zuerst 1 Stunde bei Zimmertemperatur, dann 4 Stunden im Kühlschrank ziehen lassen. Mit kaltem Mineralwasser auffüllen.
Tipp: Die Pfefferminze eignet sich übrigens auch ohne andere Zutaten sehr gut für ein erfrischendes Aromawasser. Wer mag, kann das Wasser jedoch mit weiteren Zutaten wie z. B. Himbeeren, Feigen, Grapefruits, Orangen, Papayas, Pfirsichen und Wassermelone aufpeppen. Die Zutaten können für einen zweiten Aufguss verwendet werden.

Pfefferminzsirup

Für ca. 600 ml: 1 kleine Handvoll Pfefferminzblätter / 10 Blätter Zitronenverbene / 500 ml Wasser / 500 g Sirupzucker

Kräuterblätter im Blender zu einem Püree mixen. Wasser aufkochen, Zucker und Minzpüree dazugeben. Etwa 5 Minuten zugedeckt leicht köcheln lassen, ab und zu umrühren. Den heißen Sirup etwas abkühlen lassen. Dann die Masse durch ein Sieb abseihen. In Flaschen füllen. Im Kühlschrank hält der Sirup bis zu 1 Jahr.
Tipp:** **2 EL Sirup und den Saft von 1 Zitrone in ein Glas geben, das Glas mit Eis auffüllen, prickelndes Mineralwasser dazugießen. Gut umrühren und servieren.

Ostfriesischer Pfefferminzsirup

Für ca. 1,2 l: 1 l Wasser / 1 TL Himbeeressig / 1 kg Kandiszucker / 1 kleine Handvoll frische Pfefferminzblätter

Das Wasser abkochen und erkalten lassen. Den Essig dazugeben. In einem Einmachglas lagenweise Kandiszucker und Minzblätter übereinanderschichten. Mit dem Essigwasser übergießen. Das Glas verschließen und für 3–4 Wochen in die Sonne stellen. Den Sirup durch ein Sieb in Flaschen gießen. Gut verschlossen aufbewahren.

Granatapfel-Ingwer-Aromawasser

Für 1 l: 3 cm frischer Bio-Ingwer / 2 Scheiben Bio-Orange / 1 Granatapfel (Frucht mit Kernen) oder 150 ml Granatapfelsaft ohne Zucker / 1 EL Grenadinesirup / Blätter von 1 Stängel Pfeffer- oder Ananasminze / Blätter von 1 Melissenstängel / 1 l Wasser

Alle Zutaten in eine Karaffe geben (das Wasser zum Schluss einfüllen). Mindestens 2 Stunden zugedeckt im Kühlschrank ruhen lassen.

Frostige Pfefferminzlimonade

Für 2 Gläser: 400 ml Wasser / 50 g Crushed Ice / 50 ml frischer Limettensaft / 20 frische Blätter der Pfeffer- oder Ananasminze / Zucker oder Agavendicksaft nach Geschmack

Wasser, Eis, Limettensaft und Minzblätter in einen Blender geben und etwa 1 Minute mixen, die Mischung soll eine zähflüssige Konsistenz haben. Süßungsmittel zugeben, nochmals gut mixen und in kalte Gläser füllen.

Minz-Eistee

Für etwa 2 l: 1 l Wasser / 2 EL getrocknete Pfefferminzblätter / 1 Krug Eiswürfel / 1 Bio-Limette, in Scheiben / Zucker nach Geschmack

Wasser aufkochen und die Blätter damit übergießen. 10 Minuten ziehen lassen. Abseihen. Den warmen Pfefferminztee langsam über die Eiswürfel im Krug gießen. Mit Limettenscheiben und Zucker verfeinern.

Fruchtige Minthe

Für 2 l: 15 frische Pfefferminzblätter / Saft von 2 Orangen / Saft von 1 Zitrone / 3 EL Zucker / 2 l prickelndes Mineralwasser

Die Pfefferminzblätter mit dem Saft überschütten und 2 Stunden ziehen lassen. Dann den Zucker gut einrühren. Kurz vor dem Servieren mit dem Mineralwasser aufgießen.

Fruchtiger Pfefferminz-Smoothie

Für 3–4 Gläser: 3 Bio-Äpfel, entkernt, in Stücken / 2 Bio-Birnen, entkernt, in Stücken / 1/2 Banane, in Stücken / Blätter von 5 Stängeln Pfefferminze / 2 EL Birnendicksaft / 500 ml Wasser

Alle Zutaten in einen Blender (Standmixer) geben und zu einem feinen Smoothie mixen.

Ringelblume – die Hautfreundin

Calendula officinalis L.

Hildegard von Bingen erkannte die Heilkraft der Ringelblume schon im 12. Jahrhundert und setzte die „Ringula" bei verschiedenen Frkrankungcn ein. 1542 erklärte Professor Leonhard Fuchs im „New Kreüterbuch": Die Blum in die Lug gelegt, macht schon gelb Har. Pfarrer Kneipp pries die Wirkung der Ringelblume bei Geschwüren. Die Verwandte des Gänseblümchens ist jedenfalls vielfältig einsetzbar – 2009 wurde sie in Deutschland zur Heilpflanze des Jahres ernannt.

In Natur und Garten
Heimisch in Südeuropa, ist das einjährige Korbblütengewächs mit seinen gelben bis orangen Blüten mittlerweile in allen gemäßigten Zonen zu Hause – es liebt Schutthalden und sandige Lehmböden. Die einjährige Pflanze wird 30–50 cm hoch, auf den behaarten Stängeln mit länglichen Blättern zeigen sich ab Juni die markanten Blüten. Die Ringelblume ist eine anspruchslose Pflanze, die gerne in der Sonne steht. Sie vertreibt schädliche Insekten – also einfach ums Gemüsebeet pflanzen. Blütenköpfe ohne Stiele zwischen 11 und 12 Uhr ernten. Schattig durchtrocken lassen. Licht-und aromageschützt aufbewahrt behalten sie Farbe und Heilkraft.

Inhaltsstoffe
Flavonoide, Carotinoide, Harz, Saponine, Schleimstoffe, ätherische Öle

Wirkung und Anwendung
Die Ringelblume ist antimikrobiell und leistet bei Akne, Herpes, Ekzemen, Hautentzündungen, schlecht heilenden Wunden, leichten Verbrennungen und Juckreiz gute Dienste. Aber auch bei Magen-Darm-Beschwerden, Leber- und Gallenproblemen ist sie ein probates Mittel, das Bakterien, Viren und Pilze bekämpft.

Verwendbare Teile:
Blüten, Blätter

Sammelzeit:
Juni bis September

Familie:
Korbblütler

Haltbarmachen:
trocknen

Ringelblumensirup

Für ca. 1,2 l: 1 Handvoll Ringelblumenblüten / 1 l Wasser / 1 kg Zucker / Saft von 1 Zitrone

Blütenblätter abzupfen und in einen Topf geben. Wasser zugeben und aufkochen. Vom Herd nehmen und 1 Stunde ruhen lassen. Flüssigkeit durch ein Sieb gießen. Zucker zugeben und unter ständigem Rühren aufkochen, bis die Lösung klar ist. Zitronensaft einrühren, nochmals aufwallen lassen. Den heißen Ringelblumensirup in Flaschen füllen. Kühl gelagert ist der Sirup 1 Jahr haltbar.
Tipp: Mit Mineralwasser zu einer köstlichen Limonade mixen (1 Teil Sirup, 6 Teile Wasser).

Hellrote Blütenlimonade

Für 1,2 l: 1 l Apfelsaft / jeweils 3–4 Blüten von Ringelblume, Mädesüß, Duftrose / 6 Klatschmohnblüten / Saft und Zesten von 1/2 Bio-Zitrone und 1/2 Bio-Limette / 2 EL Rohrzucker / 25 ml Rosenwasser (aus Apotheke oder Reformhaus)

Den Apfelsaft vorsichtig erwärmen. Blüten sowie Zitronen- und Limettensaft bzw. -zesten in einen anderen Topf geben, Rohrzucker einmengen, mit dem heißem Apfelsaft übergießen und abkühlen lassen. Das Rosenwasser zugeben. 2–4 Stunden im Kühlschrank ruhen lassen. Konzentrat in Flaschen füllen.
Tipp: Gläser je zur Hälfte mit prickelndem Mineralwasser und Limonadenkonzentrat füllen und mit 1 Duftrosenblüte servieren.

Frühlingszauber-Eistee

Für 2 l: 2 l Wasser / 2 Beutel Malventee / Zungenblätter von 6 Ringelblumenblüten / 1 Apfel, entkernt, in Stücken / Schale (nicht gerieben) von 1/2 Bio-Orange / Eiswürfel nach Geschmack

Wasser in einem Topf zum Kochen bringen, vom Herd nehmen und Malventee hineinhängen. Ringelblumen, Apfelstücke und Orangenschale zugeben. Teesäckchen nach 10 Minuten herausnehmen. Den Tee über Nacht zugedeckt stehen lassen. In Flaschen abseihen und kühl stellen. Der Eistee hält sich 2 Tage im Kühlschrank.

Rose – die duftende Königin

Rosa gallicas-Arten; Rosa canina, Rosa rugosa, Rosa centifolia

Die Rose begleitet die Menschheit seit mehr als 25 Millionen Jahren. Da ist es nicht weiter verwunderlich, dass ihr in vielen Kulturen gehuldigt wird, sei es in der Literatur, Malerei, Architektur oder Musik: Sie gilt als ultimative Liebesbotschafterin. Der wohl älteste Rosenstock der Welt steht in der deutschen Stadt Hildesheim. Dort schmiegt sich eine weißblütige Wildrose, die „Tausendjährige", die eigentlich „nur" etwas mehr 780 Jahre alt ist, an die Apsis des Doms. Die Duftrose ist aber nicht nur wegen ihrer Schönheit ein Hit, sondern auch wegen ihrer Wirkung als Heilkraut.

So finden Sie sie

Wildrosen, von denen es über 200 Arten gibt, sind ohne Allüren, stehen gern auf tiefen, nährstoffreichen Böden und vertragen auch Halbschatten an Weges- und Waldrändern. Wer sich der Duftrose annimmt, darf sich über rosafarbene, gelbe und weiße Blüten an etwa 1,2 m hohen Sträuchern freuen. Schneidet man nach der ersten Blüte die vertrockneten Blütenstände ab, folgt bald eine zweite, aus der die schönen Rosenbeeren, die Hagebutten, gebildet werden.

Inhaltsstoffe

Gerbstoff, Gerbsäure, Geraniol, Saponine, ätherische Öle. Hagebutten: Vitamin C (0,4–5 g pro 100 g), die Vitamine A, B_1 und B_2, Betakarotin, Vitamin K, Nikotinsäure (Niacin), Lykopin, Thiapin, Flavonoide, Fruchtsäuren, Pektine

Wirkung und Anwendung

Rosentee stärkt Herz und Nerven und hilft gegen Kopfschmerzen und Schwindel. Hagebutten sind wahre Vitaminbomben, also perfekt für einen Herbsttee. Sie stärken das Immunsystem und die körpereigenen Abwehrkräfte, wirken harntreibend und regen den Stoffwechsel an.

Verwendbare Teile:

Blütenblätter, Früchte

Sammelzeit:

Blütenblätter:
Juni bis Oktober
Hagebutten:
September, Oktober

Familie:

Rosengewächse

Haltbarmachen:

trocknen, Rosenwasser

Hagebuttensirup

500 g tiefgekühlte (oder nach dem ersten Frost gesammelte) Hagebutten / Zucker in der gleichen Menge des gewonnen Hagebuttensaftes

Die Hagebutten mit einem Entsafter auspressen. Nach ca. 1 Stunde den Saft ablassen, abwiegen, in einen Kochtopf geben und mit der gleichen Menge Zucker aufkochen. Noch heiß durch ein feines Teesieb in Flaschen füllen.

Tipp: Dieser gesunde Sirup ist ein guter Vitamin-C-Lieferant. Er schmeckt mit Wasser aufgespritzt, als Zugabe im Prosecco oder Kakao sehr gut – und natürlich auch zu Vanilleeis, Pudding, Waffeln und Pfannkuchen (Palatschinken).

Glückstee

Für 1 l: 1 l Wasser / 2 EL getrocknete Hagebutten / 4 EL Bio-Apfelschalen / 1 EL getrocknete Hibiskusblüten / 1 TL frische oder getrocknete Johanniskrautblüten / 1 Bio-Orange / 1 TL Rohrzucker

Wasser aufkochen, Hagebutten, Apfelschalen und Hibiskusblüten zufügen und den Topf vom Herd nehmen. 5–10 Minuten ziehen lassen, dann abseihen. Orange in feinen Streifen abschälen. Streifen in den Tee geben, 10 Minuten ziehen lassen und entfernen. Zucker zufügen und so lange rühren, bis er sich aufgelöst hat. In ein Gefäß füllen und kühl stellen.

Rosen-Hibiskus-Eistee

Für ca. 2 l: 1 l Wasser / 3 TL Rosenknospen / 1 TL Hibiskusblüten / 1 Krug Eiswürfel / Rosenzucker nach Geschmack (siehe unten)

Wasser, Knopsen und Blüten in einen Topf geben und aufkochen. Umrühren und Topf vom Herd nehmen. Mindestens 10 Minuten ziehen lassen, dann abseihen. Den Tee langsam über die Eiswürfel im Krug laufen lassen. Bis zum Servieren im Kühlschrank kühlen. Mit Rosenzucker nach Geschmack nachsüßen und eiskalt genießen.

Rosenzucker: 50 g getrocknete Rosenblüten mit dem Mörser zerkleinern, dann mit 100 g Zucker vermengen und in einem Einmachglas aufbewahren. Für Süßspeisen, zum Süßen von Schlagsahne oder Getränken verwenden.

Granatapfel-Rosen-Wasser

Für 2 l: 1 Granatapfel / Saft von 1 Limette / 30 frische Rosenblütenblätter / 2 Stängel frische Melisse / 2 l Wasser

Granatapfel halbieren und mit einer Zitronenpresse auspressen. Säfte und Blätter eine Karaffe geben, mit Wasser aufgießen. Im Kühlschrank mindestens 2 Stunden ziehen lassen.
Tipp: Eis in Gläser füllen, mit dem Früchtewasser auffüllen und mit je 1 Limettenscheibe am Glasrand servieren.

Kühlendes Rosenwasser mit Himbeeren

Für 1,3 l: 1 l Wasser / 2 EL frische oder getrocknete Rosenknospen / 250 g frische oder tiefgekühlte Himbeeren / 1 Spritzer Zitronensaft / 50 ml Rosenwasser (aus Apotheke oder Reformhaus)

Wasser in einem Topf aufkochen, Rosenknospen und Himbeeren leicht andrücken, in das kochende Wasser geben und umrühren. Topf vom Herd nehmen, Rosen-Himbeer-Wasser ca. 15 Minuten zudeckt ziehen lassen. In eine Flasche abseihen, abkühlen lassen, dann den Zitronensaft zufügen. Gut schütteln und im Kühlschrank kühlen.

Rosenblüten-Himbeer-Smoothie

Für 3–4 Gläser: 250 g frische oder tiefgekühlte Himbeeren / etwa 30 Rosenblätter / 1 Banane, in Stücken / 250 g Joghurt / 250 ml Wasser

Himbeeren und Rosenblätter in einen Blender (Standmixer) geben. Banane, Joghurt und Wasser zufügen und zu einem frischen Smoothie mixen.

Rotklee – der kleine Frauenliebling

Trifolium pratense L.

„Dreiblatt" bedeutet der lateinische Name des Rotklees, zeigen sich vier Blätter am Stängel wird er zum Glücksklee. Schon Hildegard von Bingen setzte auf die Pflanze, später, so die Überlieferung, behandelte der Leibarzt von Kaiser Maximilian II. seinen Patienten damit. Sobald der Rotklee blüht, erfreuen sich Bienen, Hummeln und Schmetterlinge am süßen Nektar. Die Gattung umfasst mehr als 240 Arten.

In Natur und Garten

Der Rotklee ist von Mittelasien bis Europa heimisch. Er liebt Wiesen, Wegränder und lichte Wälder. Die 10–30 cm hohe Pflanze zeigt eiförmige, spitze Blätter und blüht mit kugeligen Blütenköpfen, die bis zu 100 Kronröhren enthalten. Die proteinreiche Pflanze wird in großem Stil in China und in den osteuropäischen Ländern als Futter kultiviert. Das Dreiblatt ist nicht nur im Flachland, sondern auch in Gebirgen bis 2.600 m Seehöhe zu finden. Wenn Sie Ihren Rasen gut düngen, schaffen Sie beste Voraussetzungen für den Rotklee. Er liebt Sonne bis Halbschatten und durchlässige, mäßig feuchte Böden. Staunässe verträgt er nicht.

Inhaltsstoffe

Protein, Magnesium, Kalzium, Kalium, Niacin (Vitamin B_3), Thiamin (Vitamin B_1) und Vitamin C sowie eine einzigartige Kombination der Isoflavone Genistein, Daidzein, Formononetin und Biochanin A, die zu den so genannten Phytoöstrogenen gehören, Fett, Wachs, Xanthin, ätherische Öle

Wirkung und Anwendung

Das Phytoöstrogen des Rotklees ähnelt dem menschlichen Östrogen und kann regulierend in den – vor allem weiblichen – Hormonhaushalt eingreifen. Rotklee fördert die Durchblutung des Körpergewebes, ist antioxidativ, schützt Knochen und Gelenke, erhöht die Konzentrationsfähigkeit und senkt den Cholesterinspiegel.

Verwendbare Teile:
Blütenköpfe

Sammelzeit:
Juni bis September

Familie:
Schmetterlingsblütler

Haltbarmachen:
frisch verwenden,
für Tee trocknen

Rotkleesirup

Für ca. 1,8 l: 1,5 l Wasser / 30 frische Rotkleeblüten / 1 Bio-Zitrone, in kleinen Stücken / 1,5 kg Zucker

Wasser in einen Topf geben und aufkochen. Blüten und Zitronenstücke zugeben und zugedeckt 24 Stunden rasten lassen. Danach abseihen und den Saft mit dem Zucker aufkochen. Auf kleiner Flamme kochen, bis die Lösung klar ist. In Flaschen füllen und im Kühlschrank bis zu 1 Jahr lagern.
Tipp: Mit prickelndem Mineralwasser aufspritzen oder mit Wodka und Eis als „Rote Liebe" genießen. Besonders gut machen sich dazu Eiswürfel mit Rotkleeblüten.

Rotklee-Eistee

Für ca. 2 l: 1 l Wasser / 20 Rotkleeblüten / Blätter von 2 Stängeln Zitronenmelisse / 80 g Rohrzucker / Saft von 1 Zitrone / 1 Krug Eiswürfel

Wasser aufkochen, vom Herd nehmen und 10 Minuten abkühlen lassen. Rotklee und Melissenblätter in das Wasser geben und maximal 10 Minuten ziehen lassen. Zucker und Zitronensaft einrühren. Kurz köcheln, dann 10–20 Minuten abkühlen lassen. Den lauwarmen Tee langsam über die Eiswürfel in den Krug gießen.

Wiesenglück-Limonade

Für 2 l: 2 l gekühltes Wasser / Saft von 1 Zitrone und 1 Limette / 160 ml Rotkleesirup (siehe oben) / Crushed Ice nach Geschmack / einige Blätter Ananasminze

Alle Zutaten außer dem Eis und der Minze mischen und gut kühlen. Crushed Ice in Gläser geben. Mit der Limonade auffüllen und mit Minzblättern garnieren.

Roter Rotklee-Smoothie

Für 2–4 Gläser: 20 Rotkleeblüten / 3–6 Blätter Zitronenverbene / 1/2 Wassermelone, entkernt, in Stücken / 250 g Erdbeeren / etwas Crushed Ice

Alle Zutaten außer dem Eis in einen Blender (Standmixer) geben und gut mixen. Mit Crushed Ice auffüllen und zu einem sämigen Smoothie aufmixen.
Tipp: Mit je 1 Minzblatt und 1 Rotkleeblüte dekoriert servieren.

Rosa Rotklee-Smoothie

Für 2–3 Gläser: 20 Rotkleeblüten, grob geschnitten / 1 reife Banane, in Stücken / 250 g tiefgekühlte Himbeeren / 1/2 Honigmelone, entkernt, in Stücken / 250 ml Kokoswasser

Blüten und Obst in einen Blender geben. Kurz anmixen und dann die Flüssigkeit zugeben. Alles zu einem feinen Smoothie mixen, eventuell noch etwas mehr (Kokos-)Wasser zufügen.

Birnen-Smoothie mit Kräutern

Für 2 kleine Gläser: 10 Rotkleeblüten / 2 Bio-Birnen, entkernt, in Stücken / 10 Gierschblätter, grob geschnitten / Blätter von 2 Stängeln Petersilie / etwas Kresse / 1 Stängel Zitronengras, grob geschnitten / 200 ml Wasser / Crushed Ice nach Geschmack

Alle Zutaten außer dem Eis im Blender zu einem sämigen Smoothie mixen. Crushed Ice zugeben und erneut mixen.

Sauerampfer – die Vitamin-C-Bombe

Rumex acetosa L.

Auf ihren langen Märschen haben die alten Römer Sauerampferblätter gegen den Durst gegessen, die Seefahrer haben ihn gegen Skorbut zu sich genommen und die Griechen, um den Überfluss an fetten Speisen etwas auszugleichen. Die Familie der Knöterichgewächse umfasst mehr als 120 Arten, alle enthalten Oxalsäure.

In Natur und Garten

Die ausdauernde Pflanze findet man auf vielen nährstoffreichen (Wild-)Wiesen und an Wegrändern. Der Wiesensauerampfer kann bis zu 1 m hoch werden. Vorsicht beim Sammeln: Der Sauerampfer ist leicht mit dem giftigen Aronstab zu verwechseln. Als letzter Erntetag gilt, wie beim verwandten Rhabarber, der 24. Juni – danach enthalten die Blätter zu viel Oxalsäure und werden zu bitter. Beim Gärtner gibt es Blutampfer, den man genauso verwenden kann. Die anspruchslose Pflanze sollte im Kräutergarten neben Löwenzahn und Brennnessel stehen und eher halbschattig, denn dann bleiben die Blätter kleiner und damit schmackhafter.

Inhaltsstoffe

Bitter-, Gerb- und Mineralstoffe, Eisen, Kalzium, Kalium, Magnesium, Phosphor, die Vitamine C, B_1, B_2, B_6, E und Provitamin A

Wirkung und Anwendung

Die vielen Vitalstoffe (allen voran Vitamin C) machen den Sauerampfer zum Immunbooster. Aber er hat auch eine blutreinigende und wassertreibende Wirkung, macht deftige Speisen bekömmlicher und ist hilfreich bei Magen-Darm-Beschwerden oder als Tee bei Verstopfung.

Tipp:

Die Sauerampferblätter vor der Verwendung immer blanchieren: Durch Erhitzen oder Kochen wird die Oxalsäure zerstört.

Verwendbare Teile:
Blüten, Kraut, Samen

Sammelzeit:
Blüten: April, Mai
Kraut: April bis Juni
Samen: April bis Juni

Familie:
Knöterichgewächse

Haltbarmachen:
nur frisch verwenden

Schneller Sauerampfersirup

Für etwa 300 ml: 250 ml Wasser / 1 Msp. Natron / Saft von 1 Zitrone / 250 g Rohrzucker / 6 Sauerampferblätter / 1/8 Bio-Ananas, grob geschnitten / 1/2 TL ganze Gewürznelken / 1/2 Zimtstange / Zesten von 1 Bio-Orange

Basisches Wasser zubereiten: Wasser mit Natron und einem kleinen Teil des Zitronensaftes versetzen. Dann mit Zucker aufkochen und die Sauerampferblätter darin versenken. Ananas, Gewürze und Zesten zugeben und alles 2 Minuten kochen. Vom Herd nehmen, zugedeckt 2–4 Stunden (je nach gewünschter Intensität) ziehen lassen. In ein fest verschließbares Gefäß, z. B. eine Bügelflasche, abseihen.

Ampfertrunk

Für ca. 1,5 l :2 Handvoll Eiswürfel / 1,3 l Wasser / 5 junge Sauerampferblätter / 12 Erdbeeren / 2 EL Rohrzucker / 100 ml Ingwersaft

Die Eiswürfel in einen Krug geben. Etwa 300 ml Wasser aufkochen. Die Sauerampferblätter kurz in einem Sieb ins kochende Wasser tauchen. Dann das restliche Wasser mit Ampferblättern, Beeren und Zucker in einem Blender gut pürieren. Durch ein feines Sieb in den Krug mit Eiswürfeln füllen, mit Ingwersaft aufgießen.

Sauerampfer-Pflanzenwasser

Für 1 l: 300 ml Wasser / 10 Sauerampferblätter / Blätter von 3 Melissenstängeln / Saft von 1 Zitrone / 2 cm Bio-Ingwer / 1 l Mineralwasser

Das Wasser aufkochen und die Sauerampferblätter kurz durchziehen (in einem Sieb). Dann Ampfer- und Melissenblätter, Zitronensaft und Ingwer in eine leere Wasserflasche geben. Mit Mineralwasser auffüllen. 2–4 Stunden ziehen lassen.

Sauerampfer-Mojito

Für 1 Glas: einige Eiswürfel / 1–2 EL Sauerampfersirup (siehe linke Seite) / 200 ml Tonic Water

Ein hohes Glas zu 3/4 mit Eis bestücken, Sirup zugeben und mit Tonic Water auffüllen. Mit einem langen Löffel umrühren und etwas wirken lassen.
Tipp: Mit 1 Gurken- und 1/2 Ananasscheibe dekoriert servieren.

Ampferbier

Für 3 Gläser: 2 Handvoll Eiswürfel / 20 g Sauerampferblätter / 2 TL Rohrzucker / 50 ml Wasser / 500 ml Ingwerbier

Einen Krug zu 2/3 mit Eiswürfeln füllen. Sauerampfer und Rohrzucker mixen, dann das Wasser zugeben und nochmals mixen. In den Krug abseihen. Das Ingwerbier zugeben und vorsichtig umrühren.

Orangen-Smoothie zum Entgiften

Für 2 kleine Gläser: etwas Wasser zum Blanchieren / 5 junge Sauerampferblätter, grob geschnitten / 1 Banane, in Stücken / 250 ml Orangensaft

Etwas Wasser kochen, dann die Sauerampferblätter kurz in einem Sieb ins kochende Wasser tauchen, herausheben und abtropfen lassen. Alle Zutaten im Blender (Standmixer) gut mixen, bis ein sämiger Saft entstanden ist.

Schlüsselblume – der Hustenschreck

Primula veris L.

Der lateinische Name Primula veris bedeutet „die Erste des Frühlings“ – zaubert doch die Schlüsselblume, auch Primel genannt, nach dem Winter leuchtend gelbe Tupfer in die Natur. Der Legende nach entglitt Petrus an der Himmelspforte ein Schlüsselbund. Als Engel auf der Erde danach suchten, fanden sie nur mehr strahlende Schlüsselblumen. In der nordischen Mythologie galt die Pflanze übrigens als Lieblingsblume der Nixen und Elfen.

So finden Sie sie

Alle Arten von Schlüsselblumen stehen unter Naturschutz, d. h. das Ausgraben der Wurzeln ist verboten, pflücken darf man die Pflanze aber. Das mehrjährige Kraut wächst auf naturbelassenen Wiesen, an sonnigen und trockenen Standorten. Es zeigt runzlige Blätter und abstehende Blütendolden. Im Garten sollte man auf einen lockeren und kalkhaltigen Boden achten und einen sonnigen bis halbschattigen Standort wählen. Die anspruchslose, winterharte Pflanze vermehrt sich von selbst, verlangt aber ein regelmäßiges Gießen. Pflanzzeit ist im Herbst.

Verwendbare Teile:
Blüten, Blätter, Wurzel

Sammelzeit:
Blüten und Blätter:
März bis Mai
Wurzeln: Herbst

Familie:
Primelgewächse

Haltbarmachen:
trocknen

Inhaltsstoffe

Wurzel: Triterpene, Saponine, Phenylglykoside und Flavonoide; Blüten: Saponine, Flavonoide, ätherisches Öl und wenige Gerbstoffe

Wirkung und Anwendung

Der hohe Gehalt an Seifenstoffen (Saponinen) wirkt schleimlösend, erleichtert das Abhusten und tut Nasennebenhöhlen und Bronchien gut. Die Schlüsselblume hilft auch bei Kopf- und Nervenschmerzen, Entzündungen, Rheuma und Gicht. Sie regt den Stoffwechsel an, reinigt das Blut, ist harntreibend, schlaffördernd und beruhigend. Primelwurzeltee wird in der Volksheilkunde bei Asthma und Keuchhusten begleitend angewendet.

Schlüsselblumensirup

Für ca. 1,2 l: 1 l Wasser / 1 kg Zucker / 1 kleine Handvoll Schlüsselblumenblüten / 50 g Zitronensäure

Wasser erhitzen. Zucker im heißen Wasser auflösen und aufkochen, bis die Lösung klar ist. Blüten und Zitronensäure untermischen und zugedeckt 48 Stunden kühl stellen. Sirup durch ein feines Sieb in einen Topf abseihen. 3 Minuten kochen und heiß in Flaschen füllen.
Tipp: Der Sirup schmeckt nicht nur im Sodawasser oder Prosecco sehr gut, er passt auch hervorragend zu einem Zitroneneis.

Schlüsselblumenlimonade

Für 1 l: 100 ml Schlüsselblumensirup (siehe oben) / 500 ml Wasser / 500 ml naturtrüber Apfeldirektsaft ohne Zuckerzusatz

Sirup, Wasser und Apfelsaft in eine Flasche füllen und gut kühlen. Innerhalb von 2 Tagen verbrauchen.

Saure Primel

Für 2 Gläser: 10 cl alkoholfreier Gin (z. B. von Seedlip©) / 5 cl Zitronensaft / 4 cl Schlüsselblumensirup (siehe oben) / 400 ml Tonic Water / je 1/2 Bio-Orange und Bio-Zitrone, in Scheiben / Eiswürfel nach Geschmack

Alle flüssigen Zutaten außer dem Tonic in einen Cocktailshaker füllen. Gut schütteln und durch ein Barsieb in 2 Gläser gießen. Orangen- und Zitronenscheiben auf die Gläser verteilen, Eiswürfeln nach Geschmack dazugeben und mit Tonic Water auffüllen.

Primel-Rosen-Wasser

Für 2 l: 30 Schlüsselblumenblüten ohne Stängel / 3 Rosenblüten (Blütenblätter ohne den unteren weißen Rand) / Blätter von 3 Stängeln Zitronenverbene / 2 l Wasser

Alle Blüten und Blätter säubern, in ein großes Glas mit weitem Hals oder einen Getränkespender mit Einsatz geben. Wasser zufügen und 2– 4 Stunden im Kühlschrank ruhen lassen. Blüten und Blätter entfernen.
Tipp: Am besten täglich frisch zubereiten.

Erkältung-adé-Tee

Für die Teemischung: 50 g Schlüsselblumenblüten / 30 g Spitzwegerichblätter / 50 g Thymiankraut

Für 1 Tasse Tee 1 TL der Teemischung mit 200 ml kochendem Wasser übergießen, abdecken und 7 Minuten ziehen lassen. Durch ein Teesieb gießen. Täglich 2–3 Tassen trinken – das hilft gegen Erkältung und löscht sanft den Durst.

Thymian – der Kraftprotz gegen Husten

Thymus vulgaris L.

Seit mindestens 2.000 Jahren wird das Kuttelkraut, wie man den Thymian auch nennt, als Küchen- und Heilkraut eingesetzt. Kein Wunder, denn das kleine Kraut ist unglaublich geschmackvoll und auch sehr wirksam bei Atemwegserkrankungen. Im Mittelalter wurde es als Universalheilmittel gegen allerlei Erkrankungen eingesetzt.

So finden Sie ihn

Der wilde Thymian, auch Quendel genannt, wächst vor allem an trockenen, steinigen und sonnenexponierten Standorten. Der bodenbedeckende, mehrjährige Halbstrauch kann bis zu 10 cm hoch werden und wächst teppichartig. Er blüht von Juli bis September mit unzähligen violetten bis rosafarbenen, trichterförmigen Blüten. Thymian bevorzugt im Garten einen trockenen Boden in sonniger Lage. Er ist völlig winterhart, beim Zitronenthymian empfiehlt sich jedoch ein Schutz aus Reisig oder Stroh.

Inhaltsstoffe

Flavonoide und Triterpene, ätherische Öle (Thymol und Carvacrol), weitere Monoterpene, Camphen, Limonen, Gerbstoffe

Wirkung und Anwendung

Thymian ist sehr hilfreich bei allen Atemwegserkrankungen: bei (Reiz-)Husten, Bronchitis, Keuchhusten, Asthma. Seine schleim- und krampflösende sowie auswurffördernde Wirkung ist klinisch nachgewiesen. Zudem ist er stark antioxidativ und keimtötend und wird in der Volksheilkunde auch bei Verdauungsbeschwerden sowie Mundgeruch verwendet. Thymian hilft beim Aufspalten fetter Speisen.

Schnell gemacht: Thymiantee

1 TL Thymiankraut mit 200 ml kochendem Wasser übergießen, 6–8 Minuten bedeckt stehen lassen, durch ein Teesieb gießen. 2–3 Tassen Tee schluckweise über den Tag verteilt trinken.

Verwendbare Teile:
Kraut mit und ohne Blüte

Sammelzeit:
Kraut mit Blüten:
Mai, Juni
Kraut ohne Blüten:
April bis Oktober

Familie:
Lippenblütler

Haltbarmachen:
trocknen

Würzige Thymian-Johannisbeer-Limonade

Für 2 l: 600 g rote Johannisbeeren (Ribisel), ohne Stängel / 100 ml Thymiansirup (siehe rechte Seite) / 8 EL Zucker / 1 Schuss Apfelsaft / 1,5 l Mineralwasser / Saft von 1 Zitrone

Beeren, Thymiansirup, Zucker und Apfelsaft in einen Topf geben, aufkochen und 8 Minuten köcheln lassen. Dabei immer wieder umrühren. Durch ein Sieb in Flaschen füllen. Mit Mineralwasser aufgießen und mit Zitronensaft abschmecken. Bei Bedarf nachsüßen.

Thymian-Zitronenverbenen-Wasser

Für 1,5 l: 1 kleiner Thymianzweig / 1 Stängel Zitronenverbene / 1,5 l prickelndes Mineralwasser

Thymian und Zitronenverbene mit etwa 100 ml des Mineralwassers vermischen und mindestens 2 Stunden oder über Nacht ziehen lassen. Dann mit dem restlichen Mineralwasser aufgießen.

Zitronen-Thymian-Wasser

Für 1 l: Zesten von 1 Bio-Zitrone / 4 Zweige Zitronenthymian / 1 l Wasser

Zitronenzesten und Thymianzweige in einen Krug geben. 100 ml des Wassers kurz aufkochen und heiß über die Zutaten gießen. Ein paar Minuten ziehen lassen, dann das restliche Wasser einfüllen. Ca. 6 Stunden ziehen lassen.

Thymiansirup

Für ca. 600 ml: 500 ml Wasser / 500 g Zucker / Saft und Zesten von 2 Bio-Zitronen / 1 große Handvoll frische Zweige (Zitronen-)Thymian

Wasser, Zucker und Zitronenzesten aufkochen. Sobald sich der Zucker aufgelöst hat, den Topf vom Herd nehmen. Ca. 20 Minuten abkühlen lassen. Zitronensaft und Thymian zugeben. Zugedeckt etwa 1 Tag ziehen lassen. Dann abseihen und in Flaschen abfüllen. Im Kühlschrank hält sich der Sirup etwa 6 Monate.
Tipp: Thymiansirup, mit prickelndem Wasser aufgespritzt und Grapefruitstücken – das ergibt einen wunderbaren Sommerdrink!

Thymian-Apfel-Sirup

Für ca. 1,2 l: 500 ml Wasser / 1 kg Sirupzucker / 800 g saure Bio-Äpfel, in Stücken, oder 500 ml Apfelsaft / 4 Thymianzweige / Zesten von 2 Bio-Zitronen

Wasser und Zucker in einem Topf gut vermischen, Apfelstücke bzw. Apfelsaft, Thymianzweige und Zitronenzesten zugeben. Aufkochen, 10 Minuten köcheln und dann abkühlen lassen. Über Nacht kühl stellen. Sirup durch ein feines Sieb gießen und erneut aufkochen. Unter ständigem Rühren 5 Minuten kochen. Den heißen Sirup in Flaschen füllen.

Löwenzahn-Thymian-Sirup

Für ca. 1,2 l: 20 Löwenzahnblüten ohne Grün / 4 Thymianzweige / 2 Melissenstängel / Saft von 2 Zitronen / 1 l Wasser / 1 kg Rohrzucker

Löwenzahn, Thymian, Melisse und Zitronensaft im Wasser etwa 10 Minuten zugedeckt aufkochen. Den Herd ausschalten und das Ganze über Nacht stehen lassen. Am nächsten Tag durch ein Sieb seihen (ev. durch ein Tuch drücken). Die Flüssigkeit mit Zucker in einem hohen Topf kurz erhitzen und bei geringer Hitze – es sollte nur ganz leicht blubbern – einkochen lassen, das kann bis zu 2 Stunden dauern. Nicht umrühren! Den fertigen Sirup in Flaschen füllen.

Mediterranes Aprikosenwasser

Für 1 l: 4 reife Bio-Aprikosen (Marillen), entkernt, in Stücken / 1 Bio-Zitrone, in Scheiben / 3 Zweige (Zitronen-)Thymian / 1 l Wasser

Alle Zutaten in einen Krug geben und mindestens 3 Stunden ziehen lassen.

Thymian-Mangold-Smoothie mit Früchten

Für 4 Gläser: 200 g Mangoldblätter, grob zerkleinert / je 2 Bio-Äpfel und Bio-Birnen, entkernt, in Stücken / Blätter von 3 Thymianzweigen / 2 Bananen, in Stücken / Saft von 1 Limette / 600 ml Wasser

Alle Zutaten im Blender so lange mixen, bis der Smoothie eine sämige Konsistenz hat.

Erdbeer-Limetten-Smoothie

Für 2–3 Gläser: 250 ml Mandelmilch / 250 g tiefgekühlte Erdbeeren / 1/2 TL Limettensaft / Blätter von 1 Zweig Zitronenthymian / 1 TL Holundersirup

Alle Zutaten in einen Blender (Standmixer) geben und zu einem Smoothie mixen.

Verbene – die antike Superheldin

Verbena officinalis L.

Die ursprünglich im Mittelmeerraum verbreitete Verbene findet sich mittlerweile in allen gemäßigten Zonen der Erde. Den Namen Eisenkraut trägt die Pflanze, weil Gallier und Römer von ihren magischen Kräften überzeugt waren und sie als Wundkraut gegen Eisenwaffen verwendeten.

So finden Sie sie

Das Echte Eisenkraut wird 20–60 cm hoch und zeigt lange, vierkantige Stängel, die in Ähren mit filigranen, blasslila und rosa Blüten münden. Es wächst auf Wegen, Unkrautfluren, Schuttflächen und Mauern. Verbenen sind genügsame Pflanzen, die im Garten und auf dem Balkon gedeihen. Ein regelmäßiger Schnitt der verblühten Pflanzen sorgt für eine schöne Blütenpracht „beim nächsten Mal". Es gibt etwa 74 Verbenenarten – auch die bekannte Zitronenverbene (Verbena triphylla) gehört zur selben Pflanzenfamilie.

Verwendbare Teile:
Blüten, Blätter

Sammelzeit:
Blüten:
Juni bis September
Blätter: April bis August

Familie:
Eisenkrautgewächse

Haltbarmachen:
trocknen

Inhaltsstoffe

Schleim-, Gerb- und Bitterstoffe, Flavonoide, etwas ätherisches Öl, Kieselsäure für Haut, Haare und Fingernägel

Wirkung und Anwendung

Das leicht bittere Heilkraut unterstützt die Verdauung. Es gilt zudem als Kräftigungsmittel mit beruhigenden, leicht antidepressiven Eigenschaften. Die Verbene wirkt sekretlösend, entzündungshemmend sowie antibakteriell und ist als Gurgelmittel zu empfehlen. Achtung: Nicht in der Schwangerschaft anwenden!

Schnell gemacht: Eisenkrauttee

1 TL getrocknete Verbene (Blätter und Blüten) mit 200 ml siedendem Wasser übergießen und 10 Minuten zugedeckt ziehen lassen, abseihen und nach Geschmack süßen.

Eisenkraut-Smoothie

Für 3–4 Gläser: Blüten und Blätter von 5 Verbenenstängeln / 1 Bio-Orange, in Stücken / 100 g Salat, grob geschnitten / 1/2 Honigmelone, entkernt, in Stücken / 10 Mandelkerne / Wasser oder Mandelmilch nach Geschmack

Alle Zutaten in einen Blender geben und gut mixen.

Verbenen-Früchte-Mix

Für 1 l: 15 Verbenenblätter / 1 Banane, in Stücken / 100 g Himbeeren / 1 Bio-Apfel, entkernt, in Stücken / Saft von 1 Zitrone / 1–2 EL Holundersirup (siehe Seite 53) / Crushed Ice nach Geschmack und gewünschter Konsistenz

Sämtliche Zutaten außer dem Eis in einen Blender füllen. Kurz aufmixen, das Eis zufügen und zu einem erfrischenden Smoothie mixen.
Info: Die leichte Bitternote verleiht diesem Smoothie seinen feinen Geschmack.

Erfrischende Verbenenlimonade

Für 1,3 l: 1 l kaltes Mineralwasser / Saft von 1/2 Zitrone / 250 ml Eisenkrauttee (siehe linke Seite) / je 1 Stängel Zitronenmelisse und -verbene

Alle Zutaten in ein geeignetes Gefäß füllen, am besten in eine gut verschließbare 1,5-l-Flasche aus Glas. Kurz durchschütteln und im Kühlschrank auf die gewünschte Temperatur kühlen.

Zitronenverbenensirup

Für etwa 300 ml: 250 l Wasser / 250 g Zucker/ Saft und Zesten von 2 Bio-Zitronen / 75 g Zitronenverbenenblätter

Wasser und Zucker in einen Topf geben und zum Kochen bringen. Etwa 20 Minuten köcheln lassen, bis die Flüssigkeit soweit verdampft ist, dass die Masse dickflüssig zu werden beginnt. Den Topf vom Herd nehmen, Saft und Zesten der Zitronen unterrühren. Die Zitronenverbene in die Masse tauchen. Abkühlen lassen, durch ein Sieb gießen und in eine dunkle Flasche füllen.

Fantastischer Apfel-Smoothie

Für 1 l: 4 Bio-Äpfel, entkernt, in Stücken / 1 Banane, in Stücken / 20 Blätter Zitronenverbene / 500 ml Wasser

Alle Zutaten in einen Blender (Standmixer) geben und zu einem Smoothie mixen.

Marokkanische „Latte Louiza"

Für 1,5 l: 500 ml (Mandel-)Milch / 30 Blätter Zitronenverbene / 750 ml Wasser / etwas Honig

Milch erwärmen, aber nicht zum Kochen bringen. Die Zitronenverbene dazugeben und 15 Minuten unterhalb des Siedepunktes köcheln. Mit Wasser auffüllen und nochmals erwärmen. Durch ein Sieb seihen und mit Honig nach Belieben süßen.

Zitronenverbenenessig

Für 1 Flasche: 2–3 Stängel Zitronenverbene / 1 Flasche guter Weinessig

Die Stängel der Zitronenverbene in den Weinessig geben. Verschlossene Flasche etwa 1 Woche stehen lassen (die ätherischen Öle gehen in den Essig über).
Tipp: Der Zitronenverbenenessig passt wunderbar in Erfrischungsgetränke – z. B. mit Mineralwasser aufspritzen und nach Geschmack mit Holundersirup und 1 Prise Chayennepfeffer abschmecken.

Zitronenverbenen-Honig-Limo

Für rund 2 l: 15 g getrocknete oder 20 g frische Blätter Zitronenverbene / 100 ml Wasser / 300 g Akazienhonig / 150 ml Zitronensaft / 2 l Mineralwasser

Zitronenverbene mit Wasser und Honig kurz aufkochen und mindestens 15 Minuten ziehen lassen. Durch ein Sieb gießen und mit Zitronensaft vermischen. Mit dem Mineralwasser auffüllen.

Beeren-Kräuter-Aromawasser

Für 1 l: 10 Brombeeren / 1/2 Handvoll Heidelbeeren, halbiert / 5 Melissenblätter / Blätter von 1 Stängel Zitronenverbene / 1 l Wasser

Obst und Kräuter im Wasser versenken und 2 Stunden im Kühlschrank ruhen lassen. Unbedingt zudecken oder zuschrauben, damit sich die Aromen nicht verflüchtigen.
Tipp: Die Zutaten können ein zweites Mal mit Wasser aufgefüllt werden.

Vogelmiere – die Vitaminspenderin

Stellaria media L.

Die weltweit verbreitete Vogelmiere ist für viele Gartenbesitzer nichts als ein lästiges Unkraut. Gourmets schätzen sie aber als wunderbaren und schmackhaften Frühlingsboten. Laut Hildegard von Bingen kann die Vogelmiere Kraft und Schwung verleihen. Erstmals wissenschaftlich beschrieben wurde sie 1753 vom Botaniker Carl von Linné in seinem Werk Species plantarum. Der deutsche Namen leitet sich übrigens davon ab, dass die Pflanze Vögeln als Futter dient.

In Natur und Garten

Die Vogelmiere ist eine Pionierpflanze, die sonnige bis schattige Standorte sowie lehmige, nährstoffarme Böden mag. Der ein- bis zweijährige Bodendecker bildet Stängel mit ohrenförmigen Blättern und sternförmigen weißen Blüten. Er findet sich fast das ganze Jahr über in Gärten, auf Äckern, Wegen und Schuttplätzen, an Ufern und sogar im Gebirge. Die sehr robuste Wildpflanze wächst selbst bei niedrigen Temperaturen und passt z. B. gut in Smoothies. Die Vogelmiere schützt vor allem im Sommer den Boden vor Austrocknung. Gegen übermäßige Verbreitung hilft nur eines: Ausreißen und verwenden.

Inhaltsstoffe

Vitamine A, B und C, Saponine, Flavonoide, Eisen, Magnesium, Kalzium, Kalium, Schleimstoffe, Zink

Wirkung und Anwendung

Schon 100 g frische Blätter des auch Sternenkraut genannten Gewächses decken den Tagesbedarf an Eisen, Kalium und Vitamin C. Im Zusammenspiel mit den enthaltenen Saponinen wirkt es gegen Frühjahrsmüdigkeit. Zudem ist es harntreibend, regt Verdauung und Stoffwechsel an. Äußerlich angewendet, dient es der Wundheilung und hilft bei Hautproblemen.

Verwendbare Teile:
Blüten, Blätter

Sammelzeit:
März bis Oktober

Familie:
Nelkengewächse

Haltbarmachen:
nur frisch verwenden

Grüner Wildkräuter-Smoothie

Für 4 Gläser: Blätter von je 3 Stängeln Vogelmiere, Giersch, Petersilie / 3 Löwenzahnblätter / 2 Bananen, in Stücken / 2 Bio-Birnen, entkernt, in Stücken / 1/2 Avocado, geschält, in Stücken / Saft von 1/2 Bio-Zitrone / Saft von 1/2 Bio-Orange / etwas Wasser

Alle Zutaten im Blender (Standmixer) so lange mixen, bis der Smoothie eine sämige Konsistenz hat.

Exotischer grüner Smoothie

Für 3–4 Gläser: Blüten und Blätter von 8 Stängeln Vogelmiere / 20 Melissenblätter / 1 Banane, in Stücken / 1 Maracuja, aus der Schale gelöffelt, in Stücken / 3 Bio-Äpfel, entkernt, in Stücken / 1/4 Ananas, in Stücken / 2 Orangen, in Spalten / etwas Wasser

Zutaten in einen Blender geben und auf der höchsten Stufe zu einem homogenen Smoothie mixen.

Gelbgrüner Smoothie

Für 1 l: 1/2 Ananas, in Stücken / 3 Pfirsiche, geschält, in Stücken / Saft von 1/2 Zitrone / Blüten und Blätter von 5 Stängeln Vogelmiere / 750 ml Kefir oder Joghurt

Pfirsichstücke mit Zitronensaft beträufeln und mit den Ananasstücken einfrieren. Sobald das Obst gut durchgekühlt ist, mit Zitronensaft, Vogelmiere, Kefir bzw. Joghurt in einen Blender geben und zu einem erfrischenden Smoothie mixen.

Frühlingsgrüner Smoothie

Für ca. 700 ml: 1,5 cm Ingwer, grob gerieben / 250 ml Kokosmilch / 250 ml Maracujanektar / 1/2 Ananas, in Stücken / junge Blätter von 6 Stängeln Vogelmiere, grob geschnitten

Alle Zutaten in einen Blender geben und zu einem Smoothie mixen.

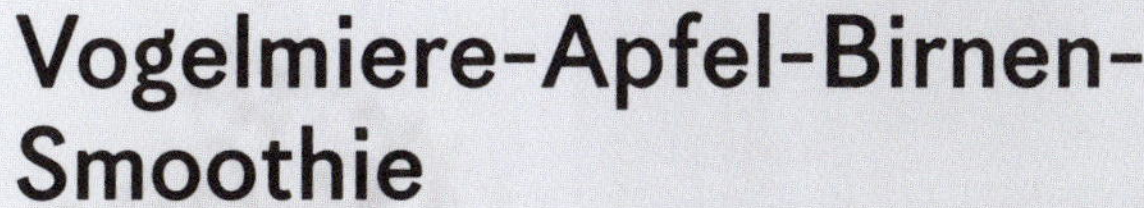

Vogelmiere-Apfel-Birnen-Smoothie

Für 2–3 Gläser: Blätter von 6 Stängeln Vogelmiere, grob geschnitten / 10 Blätter Lollo Rosso, grob geschnitten / 2 Bio-Birnen, entkernt, in Stücken / 500 ml Apfelsaft / 2–3 Eiswürfel

Alle Zutaten in einen Blender geben und zu einem Smoothie mixen.

Waldmeister – der duftige Bote des Mai

Galium odoratum L.

Schon die alten Germanen würzten ihr Bier mit Waldmeister. Heute verwendet man ihn in der Alkoholindustrie als wichtigen Aromastoff, unter anderem für Wermut, Magenbitter oder Kräuterliköre. In grauer Vorzeit wurde das Gewächs auch zu Vertreibung von bösen Geistern gebraucht.

So finden Sie ihn

Der Waldmeister wächst vorzugsweise in lichten Wäldern Nord- und Mitteleuropas, wo sie als typischer Buchenbegleiter gilt, aber auch im Unterholz von nicht zu schattigen Nadelwäldern. Er blüht ab Mitte April und im Mai mit zarten kleinen weißen Blüten und verströmt das typische Waldmeisteraroma (vor allem, wenn er welkt). Waldmeister vermehrt sich durch Wurzelteilung oder Samen, die bereits im Herbst ausgesät werden müssen. Sehr schön und gut gedeiht er auch im Topf.

Verwendbare Teile:

Stängel mit Blüten

Sammelzeit:

April, Mai

Familie:

Rötegewächse

Haltbarmachen:

trocknen

Inhaltsstoffe

Bitterstoffe, Cumaringlykosid, Gerbstoffe, Vitamine

Wirkung und Anwendung

Das enthaltene Cumarin macht leicht beschwingt und kann in geringer Dosierung Kopfschmerzen und Migräne vertreiben. Achtung: Ein Zuviel kann jedoch zu Kopfschmerzen führen. Der Tee stärkt Leber, Nieren und Blutgefäße, speziell die Venen, und hilft gegen geschwollene Füße. Naturmediziner setzen die Pflanze auch gerne bei Krämpfen, Menstruationsbeschwerden und zur Beruhigung bei Herzklopfen, unregelmäßigem Pulsschlag und allgemein zur Herzstärkung ein.

Schnell gemacht: Waldmeistertee

1 TL frisches oder getrocknetes Kraut mit 250 ml heißem Wasser übergießen und 5 Minuten ziehen lassen.

Ein Rezept für Waldmeisterbowle finden Sie auf Seite 126.

Meisterliches Vitaminwasser

Für 2 l: 10–12 Blütenstängel Waldmeister, gebündelt, leicht angewelkt / 2 l Mineralwasser / 1 Handvoll frische oder tiefgekühlte Erd-, Him- oder Brombeeren / Zucker nach Geschmack

Das Waldmeisterbündel kopfüber für 10–15 Minuten in das Mineralwasser hängen, dann herausnehmen. Die Beeren ins Wasser geben, nach Geschmack süßen. Mindestens 2–3 Stunden im Kühlschrank abkühlen lassen.
Tipp: Mit frischen Erdbeeren schmeckt dieses Vitaminwasser unvergleichlich!

Darmfreund-Tee

Für die Teemischung: 10 g getrockneter Waldmeister / 20 g getrocknete Gänseblümchen / 20 g Fenchelsamen

Für 1 Tasse Tee 1 TL der Kräutermischung mit 250 ml kochendem Wasser aufgießen. 5 Minuten zugedeckt ziehen lassen. Nach Geschmack süßen.
Tipp: Dieser Tee ist ein hervorragender Durstlöscher und gilt in der Volksmedizin als guter Darmputz für nervöse Naturen.

Waldmeistersirup

Für ca. 1,2 l: 1 l Wasser / 1 kg Zucker / 10 Stängel Waldmeister (vor oder während der Blüte), gebündelt, leicht angewelkt / 1 Stängel Zitronenverbene / 2–3 Bio-Zitronen, in Scheiben

Wasser mit Zucker aufkochen lassen, bis sich der Zucker aufgelöst hat. Etwas abkühlen lassen. Waldmeister für 15 Minuten kopfüber hineinhängen und dann wieder entfernen. Danach Zitronenverbene und Zitronen dazugeben und 24 Stunden ziehen lassen. Die Mischung durch ein Sieb in eine Flasche gießen.

Tipp: Dieser Sirup hält im Kühlschrank ein paar Wochen. Mit Mineralwasser oder aber Prosecco aufgespritzt schmeckt er sensationell.

Wiesenschaumkraut – der antibiotische Frühlingsbote

Cardamine pratensis L.

2006 wurde das Wiesenschaumkraut in Deutschland zur Blume des Jahres gekrönt – einerseits wegen seiner wunderschönen helllila bis rosa Blüten, andererseits, weil es mittlerweile sehr selten vorkommt. Das Kräutlein steht im Mai in Vollblüte und wird deshalb im Volksmund auch Muttertagsblume genannt.

So finden Sie es

Die mehrjährige Pflanze wird bis zu 50 cm hoch und wächst auf nährstoffreichen, (ufer-)sauren Wiesen, in feuchten Moorwäldern und an Bachläufen. Das Heilkraut ist leicht an den zarten Blüten mit ihren violetten Äderchen zu erkennen. Ab Juli gilt es das Wiesenschaumkraut gut zu beobachten, denn dann springen die Schoten fast explosionsartig auf und schleudern ihre Samen über mehrere Meter weiter. Das Wiesenschaumkraut macht sich gut auf der Blumenwiese: Einfach die im August reifen Schoten ausstreuen.

Inhaltsstoffe

Glykoside, Mineralsalze, Flavonoide, Bitterstoffe, Mineralstoffe, Vitamine (Vitamin C), Saponine, Senfölglykoside

Wirkung und Anwendung

Das Kraut wirkt antibiotisch, bei Frühjahrsmüdigkeit blutreinigend, stärkend und belebend. Es regt Leber und Niere zur Entgiftung an und hat eine sanfte harntreibende Wirkung. Außerdem lindert es Schmerzen bei Rheuma und Gicht.

Wellnesstipp: Frühjahrskur

Ein Tee aus dem getrockneten Kraut unterstützt beim Abnehmen. 1 TL Wiesenschaumkraut mit 250 ml heißem Wasser übergießen, mindestens 10 Minuten zugedeckt ziehen lassen.

Verwendbare Teile:
Blüten

Sammelzeit:
April, Mai

Familie:
Kreuzblütler

Haltbarmachen:
nur frisch verwenden

Wiesenschaumkraut-Smoothie

Für 2–3 Gläser: 10 Wiesenschaumkrautblüten / 10 Löwenzahnblüten ohne Grün / 1/2 Mango, geschält, in Stücken / 1 Handvoll Weintrauben / 1/2 Avocado, geschält, in Stücken / 500 ml Wasser

Sämtliche Zutaten im Blender (Standmixer) zu einem cremigen Smoothie mixen.

Frühjahrstrunk

Für 4–6 Gläser: je 10 Wiesenschaumkrautblüten und Löwenzahnblüten ohne Grün / 1 Schälchen Kresse / 1 l Milch (oder eine vegane Alternative) / 2 Bio-Äpfel, entkernt, in Stücken / 1 Spritzer Zitronensaft / Saft von 4 Orangen / 1 EL Honig

Alle Zutaten in einen Blender geben und zu einem Smoothie mixen.
***Tipp:** Der Smoothie überzeugt durch eine leicht bittere Note, die für Belebung und Erfrischung sorgt. Wenn Sie 1–2 EL Honig zufügen, dann ersetzt er eine leichte Mahlzeit.*

Wiesenschaum-Früchte-Wasser

Für 1 l: 1 Kiwi, geschält, in Scheiben / 1/2 Bio-Zitrone, in Scheiben / 10 Erdbeeren, in Scheiben / 2 Scheiben Mango / 10 Wiesenschaumkrautblüten / 1 l Wasser

Alle Zutaten in einen Krug geben. Für mindestens 4 Stunden in den Kühlschrank stellen.

Wiesenschaum-Melissen-Wasser

Für 1,5 l: 10 Wiesenschaumkrautblüten / 2 Stängel Zitronenmelisse / 1,5 l prickelndes Mineralwasser

Wiesenschaumkraut und Zitronenmelisse in die Mineralwasserflasche geben und mindestens 2 Stunden, besser aber über Nacht, stehen lassen.

Zistrose – die Immun-Power

Cistus incanus ssp. tauricus

Die Götter des Olymps sollen einst uneins über die Wirkung der Zistrose gewesen sein: Die allmächtigen Herren votierten für die Heilung von Kampfwunden, die übernatürlichen Damen für die Anwendung in der Schönheitspflege. Schlussendlich einigte man sich: Die Zistrose sei Heil- und Schönheitskraut.

In Natur und Garten

Die graubehaarte Zistrose kommt auf der griechischen Insel Kreta vor, alle anderen Arten im südlichen Mittelmeerraum. Der mehrjährige, bis zu 1 m hohe Strauch mit den zarten lila Blüten liebt trockene, magnesiumhaltige Böden und steht gern in kleinen Buschwäldern. Heute ist die Zistrose zudem in Kräutergärten verbreitet. Nicht alle Arten der auch griechische Bergrose genannten Pflanze sind winterhart. Gut verpackt überstehen sie aber auch Kälte. Sobald es richtig warm ist, vornehmlich im Mai, zeigt die Zistrose ihre Pracht. Gute Nachbarn für den Strauch sind Rosmarin und Lavendel.

Inhaltsstoffe

Harz, Gerbstoffe, ätherische Öle und deren Bestandteile (Borneol, Cineol, Eugenol, Ledol, Limonen), Polyphenole (um ein Vielfaches mehr als Rotwein und grüner Tee) sowie Vitamin E

Wirkung und Anwendung

Die Zistrose wirkt antioxidativ, antiviral und antibakteriell, stärkt die Abwehrkräfte, ist entzündungs- und pilzhemmend, entgiftend und hilfreich bei Allergien, Ekzemen, Akne und anderen Hautproblemen sowie bei Durchfall. Man trinkt den Tee bei Halsentzündung, Neurodermitis, Magen- und Darm- sowie Pilzerkrankungen oder macht daraus Auflagen für die Haut.

Schnell gemacht: Zistrosentee

1 TL Zistrosenkraut mit 250 ml kochendem Wasser übergießen und nach 6–8 Minuten abseihen. Der Tee taugt übrigens auch als Mundwasser: Gurgeln Sie damit morgens und abends und spucken Sie dann aus.

Verwendbare Teile:
Blätter

Sammelzeit:
April bis August

Familie:
Zistrosengewächse

Haltbarmachen:
trocknen

Zistrosenwasser

Für 1 l: 3 cm Ingwer, geschält, grob gerieben / 1 l Wasser / Saft von 1/2 Limette / 4 Stängel Zitronenverbene, grob geschnitten / 4 frische Zistrosenblätter oder 1 TL getrocknetes Zistrosenkraut

Ingwer in das Wasser geben, Limettensaft und Kräuter hinzufügen. Im Kühlschrank mindestens 2 Stunden ziehen lassen.

Cistus-Aromawasser

Für 2 l: 1 l Wasser / 500 ml Apfelsaft / 500 ml Mineralwasser / Saft von 1/2 Zitrone / 1 EL getrocknete Zistrosenblätter / 1 Stängel Zitronenverbene /

Wasser, Apfelsaft und Mineralwasser vermischen, Zitronensaft und Kräuter hinzufügen. Im Kühlschrank mindestens 2 Stunden ziehen lassen.

Beeriges Pfirsich-Ananas-Wasser

Für 2 l: 250 g Himbeeren / 250 g Ananas, in Stücken / 2 Pfirsiche, entkernt, in Stücken / 1 Bio-Zitrone, in Scheiben / 3 Stängel Zitronenverbene / 1 TL getrocknete Zistrosenblätter / 1,5 l Wasser

Himbeeren, Ananas und Pfirsiche in eine Glaskaraffe oder einen Krug geben und 1–2 Minuten mit einem Holzrührlöffel zerstoßen. Zitronenscheiben, Kräuter und Wasser zugeben, für 1–3 Stunden in den Kühlschrank stellen. Durch ein Sieb in Gläser füllen.
Info: Dieses Infused Water steckt voller Vitamine und hat ein herrliches Fruchtaroma.

Exotischer Orangen-Granatapfel-Drink

Für 1 l: Saft von 8 Orangen / 5 EL Granatapfelsirup / 250 ml Granatapfelsaft / Saft von 1 Zitrone / 4 frische Zistrosenblätter, klein geschnitten, oder 1 TL getrocknetes Zitrosenkraut / 3 Stängel Zitronenverbene oder Melisse / 250 ml Wasser

Alle flüssigen Zutaten außer dem Wasser in einem Krug gut vermischen, Kräuter dazugeben. 2 Stunden im Kühlschrank rasten lassen. Kräuter entfernen, mit kaltem Wasser auffüllen und servieren.

Cistus-Eistee

Für 1 l: 1 l Wasser / 1 EL getrocknetes Zistrosenkraut / 1 EL Honig

Das Wasser zum Kochen bringen. Das Kraut damit übergießen, 5 Minuten ziehen lassen, abseihen. Leicht auskühlen lassen, den Honig einrühren. Tee im Kühlschrank weiter auskühlen lassen.

Zum Anstoßen

Seinen Durst soll man natürlich mit alkoholfreien Getränken stillen, keine Frage (wie gesagt: täglich mindestens zwei Liter trinken!). Wer aber an einem lauen Sommerabend auf dem Balkon (im Garten, am Wasser ...) einmal Gusto auf einen kleinen alkoholischen Genuss hat oder mit einer Bowle auf den Sommer anstoßen will, findet hier ein paar Anregungen.

Leopoldspritzer

**Für 1 Glas: 2 Eiswürfel / 125 ml Sodawasser / 125 ml trockener Weißwein
1 Spritzer Veilchensirup (siehe Seite 33)**

Eis ins Glas geben. Wasser und dann Wein einfüllen. Mit einem Spritzer Sirup abschmecken.
Tipp: Mit 1 Zitronenscheibe, 1 Melissenstängel und 1 Veilchenblüte dekoriert servieren.

Lavendelspritz

Für 1 Glas: 3 Eiswürfel / 125 ml Sodawasser / 125 ml Prosecco / 2 cl Lavendelsirup (siehe Seite 60) / 1 Scheibe Bio-Zitrone

Die Eiswürfel in ein Weinglas geben, mit Sodawasser und Prosecco aufgießen. Den Lavendelsirup dazugeben und mit einer Zitronenscheibe garnieren.
Tipp: Wer keinen Alkohol mag, der verdoppelt einfach den Wasseranteil.

Minziger Erdbeer-Daiquiri

Für 1 Glas: / 5 cl weißer Rum (z. B. Havana Club© oder Bacardi©) / 3 cl Limettensaft / 2 cl Zuckersirup / 6 frische oder tiefgekühlte Erdbeeren / 10 Pfefferminzblätter / 3 EL Crushed Ice

Alle Zutaten in einen Blender geben und gut mixen.
Tipp: Mit Erdbeeren und Minzblättern garnieren.

Melissen-Früchte-Bowle

Für ca. 3 l: etwas Wasser / 5 Pfirsiche / 250 g Himbeeren / 250 g Erdbeeren, halbiert oder geviertelt / 1 l gekühlter Hagebutten-Hibiskus-Tee (siehe Seite 90) / 30 Blätter Zitronenmelisse / 5 EL Erdbeersirup / 100 ml Wodka (38 Vol.-% Alkohol) / 100 ml gekühlter Limoncello /2 Flaschen trockener Sekt

Etwas Wasser erhitzen, die Pfirsiche mit dem heißen Wasser überbrühen und häuten, halbieren und in dünne Spalten schneiden (Sie können, wenn's schnell gehen soll, auch Dosenpfirsiche verwenden). Sämtliche Früchte mit dem Tee in ein Bowlegefäß geben. 15 Blätter Zitronenmelisse, Erdbeersirup, Wodka und Limoncello zufügen, vorsichtig umrühren und über Nacht im Kühlschrank marinieren. Melissenblätter herausfischen. Bowle kurz vor dem Servieren mit Sekt aufgießen und mit den 15 frischen Melissenblättern garnieren.
***Tipp:** Diese Bowle kann man auch ohne Alkohol zubereiten. Einfach den Wodka weglassen, den Limoncello durch den Saft von 6 Limetten ersetzen und den Sekt durch Mineralwasser. Die Kühlzeit der Früchte reduziert sich dann auf 3 Stunden.*

Kalter Rosenpunsch

Für ca. 2,5 l: / 400 ml gekühlter Zitronenverbenentee / 1 Flasche guter Rotwein / 2 EL Zitronensaft / 2 EL Orangensaft / 3–4 EL Zucker / 1/4 Vanilleschote, aufgeritzt / 250 g Erdbeeren / 4 Birnenhälften, gedünstet / 150 ml Rosenlikör / 1 Flasche trockener Sekt / 100 ml Rosenwasser (aus Apotheke oder Reformhaus)

Alle Zutaten außer dem Sekt und Rosenwasser in ein Bowlegefäß füllen und 3–4 Stunden ziehen lassen. Vor dem Servieren mit Sekt und Rosenwasser auffüllen, kühl trinken.

Waldmeisterbowle

Für 2,5 l: 1 l Weißwein / 10–12 Stängel Waldmeister (vor oder während der Blüte), gebündelt, leicht angewelkt / ca. 10 Steviablätter / 1 Bio-Zitrone, in Scheiben / 1,5 l Sekt

Wein in ein Gefäß gießen, Waldmeister und Steviablätter für rund 10–15 Minuten kopfüber hineinhängen. Dann die Kräuter entfernen, die Zitronenscheiben zufügen und mit Sekt aufgießen.
***Tipp:** Statt Steviablätter zu verwenden, kann man auch nachträglich mit flüssigem Stevia nach Geschmack süßen. Für eine akoholfreie Variante mit einem Gemisch aus Apfeldirektsaft und Mineralwasser bzw. mit alkoholfreiem Sekt aufgießen.*

Einen Arztbesuch kann dieses Buch auf keinen Fall ersetzen!

Sollten gesundheitliche Probleme auftreten – gerade auch während der Schwangerschaft und Stillzeit bzw. bei Kindern – wenden Sie sich an Ihren Arzt.

Alle Angaben in diesem Buch wurden von den Autoren mit größter Sorgfalt erarbeitet und geprüft. Eine Garantie kann jedoch nicht übernommen werden. Eine Haftung der Autoren bzw. des Verlages und beauftragter Firmen für Sach-, Personen- und Vermögensschäden ist ausgeschlossen.

Die Anwendung von Heilpflanzen und Wildkräutern setzt die sichere Kenntnis der Pflanzen voraus. Verwenden Sie nur die beschriebenen Arten und beachten Sie bei Arzneimitteln die Packungsbeilage. Heilpflanzen sind nur zur Behandlung leichter Gesundheitsstörungen, die keiner ärztlichen Behandlung bedürfen, anzuwenden.

Konsultieren Sie im Zweifelfall stets Ihren Arzt (in Deutschland auch Ihren Heilpraktiker), stellen Sie niemals selbst eine Diagnose und führen Sie keine Eigenbehandlung durch.
Dies gilt besonders dann, wenn Sie unter einer schweren oder langanhaltenden Vorerkrankung leiden, schwanger sind bzw. stillen oder bereits andere Medikamente einnehmen.
Erhöhen Sie die angegebenen Dosierungen nicht ohne ärztliche Rücksprache.

Verwenden Sie ätherische Öle nicht in der Nähe von Babys oder Kleinkindern und pflanzliche Arzneimittel bzw. Kräutermedizin für Baby oder Kleinkinder generell nur nach Rücksprache mit Ihrem Arzt. Während der Schwangerschaft dürfen verschiedene Kräuter nicht eingenommen werden, z. B. Rosmarin, Salbei, Hirtentäschel, Ingwer, Verbene u. a.